I0232667

BÚLGARO

VOCABULÁRIO

PORTUGUÊS BÚLGARO

Para alargar o seu léxico e apurar
as suas competências linguísticas

5000 palavras

Vocabulário Português Brasileiro-Búlgaro - 5000 palavras

Por Andrey Taranov

Os vocabulários da T&P Books destinam-se a ajudar a aprender, a memorizar, e a rever palavras estrangeiras. O dicionário é dividido em temas, cobrindo todas as principais esferas de atividades quotidianas, negócios, ciência, cultura, etc.

O processo de aprendizagem, utilizando os dicionários baseados em temáticas da T&P Books dá-lhe as seguintes vantagens:

- Informação de origem corretamente agrupada predetermina o sucesso em fases subsequentes da memorização de palavras
- Disponibilização de palavras derivadas da mesma raiz, o que permite a memorização de unidades de texto (em vez de palavras separadas)
- Pequenas unidades de palavras facilitam o processo de estabelecimento de vínculos associativos necessários para a consolidação do vocabulário
- O nível de conhecimento da língua pode ser estimado pelo número de palavras aprendidas

T&P Books Publishing
www.tpbooks.com

ISBN: 978-1-78767-365-6

Este livro também está disponível em formato E-book.
Por favor visite www.tpbooks.com ou as principais livrarias on-line.

VOCABULÁRIO BÚLGARO
palavras mais úteis

Os vocabulários da T&P Books destinam-se a ajudar a aprender, a memorizar, e a rever palavras estrangeiras. O vocabulário contém mais de 5000 palavras de uso comum organizadas tematicamente.

O vocabulário contém as palavras mais comummente usadas
Recomendado como adicional para qualquer curso de línguas
Satisfaz as necessidades dos iniciados e dos alunos avançados de línguas estrangeiras
Conveniente para o uso diário, sessões de revisão e atividades de auto-teste
Permite avaliar o seu vocabulário

Características especias do vocabulário

- As palavras estão organizadas de acordo com o seu significado, e não por ordem alfabética
- As palavras são apresentadas em três colunas para facilitar os processos de revisão e auto-teste
- As palavras compostas são divididas em pequenos blocos para facilitar o processo de aprendizagem
- O vocabulário oferece uma transcrição simples e adequada de cada palavra estrangeira

O vocabulário contém 155 tópicos incluindo:

Conceitos básicos, Números, Cores, Meses, Estações do ano, Unidades de medida, Roupas & Acessórios, Alimentos & Nutrição, Restaurante, Membros da Família, Parentes, Caráter, Sentimentos, Emoções, Doenças, Cidade, Passeios, Compras, Dinheiro, Casa, Lar, Escritório, Trabalho no Escritório, Importação & Exportação, Marketing, Pesquisa de Emprego, Esportes, Educação, Computador, Internet, Ferramentas, Natureza, Países, Nacionalidades e muito mais ...

TABELA DE CONTEÚDOS

GUIA DE PRONUNCIAÇÃO

Alfabeto fonético T&P	Exemplo Búlgaro	Exemplo Português
[a]	сладък [sládək]	chamar
[e]	череша [ʧeréʃa]	metal
[i]	килим [kilím]	sinônimo
[o]	отломка [otlómka]	lobo
[u]	улуча [ulúʧa]	bonita
[ə]	въже [vəʒé]	O xevá, som vocálico neutro
[ja], [ʲa]	вечеря [veʧérʲa]	Himalaias
[ʲu]	ключ [klʲuʧ]	nacional
[ʲo]	фризьор [frizʲór]	ioga
[ja], [ʲa]	история [istórija]	Himalaias
[b]	събота [sébota]	barril
[d]	пладне [pládne]	dentista
[f]	парфюм [parfʲúm]	safári
[g]	гараж [garáʒ]	gosto
[ʒ]	мрежа [mréʒa]	talvez
[j]	двубой [dvubój]	Vietnã
[h]	храбър [hrábər]	[h] aspirada
[k]	колело [koleló]	aquilo
[l]	паралел [paralél]	libra
[m]	мяукам [mʲaúkam]	magnólia
[n]	фонтан [fontán]	natureza
[p]	пушек [púʃek]	presente
[r]	крепост [krépost]	riscar
[s]	каса [kása]	sanita
[t]	тютюн [tʲutʲún]	tulipa
[v]	завивам [zavívam]	fava
[ʦ]	църква [tsérkva]	tsé-tsé
[ʃ]	шапка [ʃápka]	mês
[ʧ]	чорапи [ʧorápi]	Tchau!
[w]	уиски [wíski]	página web
[z]	зарзават [zarzavát]	sésamo

ABREVIATURAS
usadas no vocabulário

Abreviaturas do Português

adj	-	adjetivo
adv	-	advérbio
anim.	-	animado
conj.	-	conjunção
desp.	-	esporte
etc.	-	Etcetera
ex.	-	por exemplo
f	-	nome feminino
f pl	-	feminino plural
fem.	-	feminino
inanim.	-	inanimado
m	-	nome masculino
m pl	-	masculino plural
m, f	-	masculino, feminino
masc.	-	masculino
mat.	-	matemática
mil.	-	militar
pl	-	plural
prep.	-	preposição
pron.	-	pronome
sb.	-	sobre
sing.	-	singular
v aux	-	verbo auxiliar
vi	-	verbo intransitivo
vi, vt	-	verbo intransitivo, transitivo
vr	-	verbo reflexivo
vt	-	verbo transitivo

Abreviaturas do Búlgaro

ж	-	nome feminino
ж мн	-	feminino plural
м	-	nome masculino
м мн	-	masculino plural
м, ж	-	masculino, feminino
мн	-	plural
с	-	neutro
с мн	-	neutro plural

CONCEITOS BÁSICOS

Conceitos básicos. Parte 1

1. Pronomes

eu	аз	[az]
você	ти	[ti]
ele	той	[toj]
ela	тя	[tʲa]
ele, ela (neutro)	то	[to]
nós	ние	[níe]
vocês	вие	[víe]
eles, elas	те	[te]

2. Cumprimentos. Saudações. Despedidas

Oi!	Здравей!	[zdravéj]
Olá!	Здравейте!	[zdravéjte]
Bom dia!	Добро утро!	[dobró útro]
Boa tarde!	Добър ден!	[dóbər den]
Boa noite!	Добър вечер!	[dóbər vétʃer]
cumprimentar (vt)	поздравявам	[pozdravʲávam]
Oi!	Здрасти!	[zdrásti]
saudação (f)	поздрав (m)	[pózdrav]
saudar (vt)	приветствувам	[privétstvuvam]
Tudo bem?	Как си?	[kak si]
E aí, novidades?	Какво ново?	[kakvó nóvo]
Tchau! Até logo!	Довиждане!	[dovíʒdane]
Até breve!	До скора среща!	[do skóra sréʃta]
Adeus!	Сбогом!	[zbógom]
despedir-se (dizer adeus)	сбогувам се	[sbogúvam se]
Até mais!	До скоро!	[do skóro]
Obrigado! -a!	Благодаря!	[blagodarʲá]
Muito obrigado! -a!	Много благодаря!	[mnógo blagodarʲá]
De nada	Моля.	[mólʲa]
Não tem de quê	Няма нищо.	[nʲáma níʃto]
Não foi nada!	Няма за какво.	[nʲáma za kakvó]
Desculpa!	Извинявай!	[izvinʲávaj]
Desculpe!	Извинявайте!	[izvinʲávajte]
desculpar (vt)	извинявам	[izvinʲávam]

desculpar-se (vr)	извинявам се	[izvinʲávam se]
Me desculpe	Моите извинения.	[móite izvinénija]
Desculpe!	Прощавайте!	[proʃtávajte]
por favor	моля	[mólʲa]

Não se esqueça!	Не забравяйте!	[ne zabrávʲajte]
Com certeza!	Разбира се!	[razbíra se]
Claro que não!	Разбира се, не!	[razbíra se ne]
Está bem! De acordo!	Съгласен!	[səglásen]
Chega!	Стига!	[stíga]

3. Como se dirigir a alguém

senhor	Господине	[gospodíne]
senhora	Госпожо	[gospóʒo]
senhorita	Госпожице	[gospóʒitse]
jovem	Младежо	[mladéʒo]
menino	Момче	[momtʃé]
menina	Момиче	[momítʃe]

4. Números cardinais. Parte 1

zero	нула (ж)	[núla]
um	едно	[ednó]
dois	две	[dve]
três	три	[tri]
quatro	четири	[tʃétiri]

cinco	пет	[pet]
seis	шест	[ʃest]
sete	седем	[sédem]
oito	осем	[ósem]
nove	девет	[dévet]

dez	десет	[déset]
onze	единадесет	[edinádeset]
doze	дванадесет	[dvanádeset]
treze	тринадесет	[trinádeset]
catorze	четиринадесет	[tʃetirinádeset]

quinze	петнадесет	[petnádeset]
dezesseis	шестнадесет	[ʃesnádeset]
dezessete	седемнадесет	[sedemnádeset]
dezoito	осемнадесет	[osemnádeset]
dezenove	деветнадесет	[devetnádeset]

vinte	двадесет	[dvádeset]
vinte e um	двадесет и едно	[dvádeset i ednó]
vinte e dois	двадесет и две	[dvádeset i dve]
vinte e três	двадесет и три	[dvádeset i tri]
trinta	тридесет	[trídeset]
trinta e um	тридесет и едно	[trídeset i ednó]

| trinta e dois | тридесет и две | [trídeset i dve] |
| trinta e três | тридесет и три | [trídeset i tri] |

quarenta	четиридесет	[tʃetírideset]
quarenta e um	четиридесет и едно	[tʃetírideset i ednó]
quarenta e dois	четиридесет и две	[tʃetírideset i dve]
quarenta e três	четиридесет и три	[tʃetírideset i tri]

cinquenta	петдесет	[petdesét]
cinquenta e um	петдесет и едно	[petdesét i ednó]
cinquenta e dois	петдесет и две	[petdesét i dve]
cinquenta e três	петдесет и три	[petdesét i tri]

sessenta	шестдесет	[ʃestdesét]
sessenta e um	шестдесет и едно	[ʃestdesét i ednó]
sessenta e dois	шестдесет и две	[ʃestdesét i dve]
sessenta e três	шестдесет и три	[ʃestdesét i tri]

setenta	седемдесет	[sedemdesét]
setenta e um	седемдесет и едно	[sedemdesét i ednó]
setenta e dois	седемдесет и две	[sedemdesét i dve]
setenta e três	седемдесет и три	[sedemdesét i tri]

oitenta	осемдесет	[osemdesét]
oitenta e um	осемдесет и едно	[osemdesét i ednó]
oitenta e dois	осемдесет и две	[osemdesét i dve]
oitenta e três	осемдесет и три	[osemdesét i tri]

noventa	деветдесет	[devetdesét]
noventa e um	деветдесет и едно	[devetdesét i ednó]
noventa e dois	деветдесет и две	[devetdesét i dve]
noventa e três	деветдесет и три	[devetdesét i tri]

5. Números cardinais. Parte 2

cem	сто	[sto]
duzentos	двеста	[dvésta]
trezentos	триста	[trísta]
quatrocentos	четиристотин	[tʃétiri·stótin]
quinhentos	петстотин	[pét·stótin]

seiscentos	шестстотин	[ʃést·stótin]
setecentos	седемстотин	[sédem·stótin]
oitocentos	осемстотин	[ósem·stótin]
novecentos	деветстотин	[dévet·stótin]

mil	хиляда (ж)	[hilʲáda]
dois mil	две хиляди	[dve hílʲadi]
três mil	три хиляди	[tri hílʲadi]
dez mil	десет хиляди	[déset hílʲadi]
cem mil	сто хиляди	[sto hílʲadi]

| um milhão | милион (м) | [milión] |
| um bilhão | милиард (м) | [miliárt] |

6. Números ordinais

primeiro (adj)	първи	[pérvi]
segundo (adj)	втори	[ftóri]
terceiro (adj)	трети	[tréti]
quarto (adj)	четвърти	[tʃetvárti]
quinto (adj)	пети	[péti]
sexto (adj)	шести	[ʃésti]
sétimo (adj)	седми	[sédmi]
oitavo (adj)	осми	[ósmi]
nono (adj)	девети	[devéti]
décimo (adj)	десети	[deséti]

7. Números. Frações

fração (f)	дроб (м)	[drop]
um meio	една втора	[edná ftóra]
um terço	една трета	[edná tréta]
um quarto	една четвърта	[edná tʃetvárta]
um oitavo	една осма	[edná ósma]
um décimo	една десета	[edná deséta]
dois terços	две трети	[dve tréti]
três quartos	три четвърти	[tri tʃetvárti]

8. Números. Operações básicas

subtração (f)	изваждане (c)	[izváʒdane]
subtrair (vi, vt)	изваждам	[izváʒdam]
divisão (f)	деление (c)	[delénie]
dividir (vt)	деля	[delʲá]
adição (f)	събиране (c)	[səbírane]
somar (vt)	събера	[səberá]
adicionar (vt)	прибавям	[pribávʲam]
multiplicação (f)	умножение (c)	[umnoʒénie]
multiplicar (vt)	умножавам	[umnoʒávam]

9. Números. Diversos

algarismo, dígito (m)	цифра (ж)	[tsífra]
número (m)	число (c)	[tʃisló]
numeral (m)	числително име (c)	[tʃislítelno íme]
menos (m)	минус (м)	[mínus]
mais (m)	плюс (м)	[plʲus]
fórmula (f)	формула (ж)	[fórmula]
cálculo (m)	изчисление (c)	[istʃislénie]
contar (vt)	броя	[brojá]

calcular (vt)	преброявам	[prebrojávam]
comparar (vt)	сравнявам	[sravnʲávam]

Quanto, -os, -as?	Колко?	[kólko]
soma (f)	сума (ж)	[súma]
resultado (m)	резултат (м)	[rezultát]
resto (m)	остатък (м)	[ostátək]

alguns, algumas …	няколко	[nʲákolko]
pouco (~ tempo)	малко …	[málko]
resto (m)	остатък (м)	[ostátək]
um e meio	един и половина	[edín i polovína]
dúzia (f)	дузина (ж)	[duzína]

ao meio	наполовина	[napolovína]
em partes iguais	поравно	[porávno]
metade (f)	половина (ж)	[polovína]
vez (f)	път (м)	[pət]

10. Os verbos mais importantes. Parte 1

abrir (vt)	отварям	[otvárʲam]
acabar, terminar (vt)	приключвам	[priklʲútʃvam]
aconselhar (vt)	съветвам	[səvétvam]
adivinhar (vt)	отгатна	[otgátna]
advertir (vt)	предупреждавам	[preduprezdávam]

ajudar (vt)	помагам	[pomágam]
almoçar (vi)	обядвам	[obʲádvam]
alugar (~ um apartamento)	наемам	[naémam]
amar (pessoa)	обичам	[obítʃam]
ameaçar (vt)	заплашвам	[zapláʃvam]

anotar (escrever)	записвам	[zapísvam]
apressar-se (vr)	бързам	[bérzam]
arrepender-se (vr)	съжалявам	[səzalʲávam]
assinar (vt)	подписвам	[potpísvam]
brincar (vi)	шегувам се	[ʃegúvam se]

brincar, jogar (vi, vt)	играя	[igrája]
buscar (vt)	търся	[térsʲa]
caçar (vi)	ловувам	[lovúvam]
cair (vi)	падам	[pádam]
cavar (vt)	ровя	[róvʲa]
chamar (~ por socorro)	викам	[víkam]

chegar (vi)	пристигам	[pristígam]
chorar (vi)	плача	[plátʃa]
começar (vt)	започвам	[zapótʃvam]
comparar (vt)	сравнявам	[sravnʲávam]
concordar (dizer "sim")	съгласявам се	[səglasʲávam se]

confiar (vt)	доверявам	[doverʲávam]
confundir (equivocar-se)	обърквам	[obérkvam]

conhecer (vt)	познавам	[poznávam]
contar (fazer contas)	броя	[brojá]
contar com ...	разчитам на ...	[rastʃítam na]
continuar (vt)	продължавам	[prodəɫʒávam]

controlar (vt)	контролирам	[kontrolíram]
convidar (vt)	каня	[kánʲa]
correr (vi)	бягам	[bʲágam]
criar (vt)	създам	[səzdám]
custar (vt)	струвам	[strúvam]

11. Os verbos mais importantes. Parte 2

dar (vt)	давам	[dávam]
dar uma dica	намеквам	[namékvam]
decorar (enfeitar)	украсявам	[ukrasʲávam]
defender (vt)	защитавам	[zaʃtitávam]
deixar cair (vt)	изтървавам	[istərvávam]

descer (para baixo)	слизам	[slízam]
desculpar (vt)	извинявам	[izvinʲávam]
dirigir (~ uma empresa)	ръководя	[rəkovódʲa]
discutir (notícias, etc.)	обсъждам	[obsəʒdam]

disparar, atirar (vi)	стрелям	[strélʲam]
dizer (vt)	кажа	[káʒa]
duvidar (vt)	съмнявам се	[səmnʲávam se]
encontrar (achar)	намирам	[namíram]
enganar (vt)	лъжа	[léʒa]

entender (vt)	разбирам	[razbíram]
entrar (na sala, etc.)	влизам	[vlízam]
enviar (uma carta)	изпращам	[ispráʃtam]
errar (enganar-se)	греша	[greʃá]
escolher (vt)	избирам	[izbíram]

esconder (vt)	крия	[kríja]
escrever (vt)	пиша	[píʃa]
esperar (aguardar)	чакам	[tʃákam]
esperar (ter esperança)	надявам се	[nadʲávam se]
esquecer (vt)	забравям	[zabrávʲam]

estudar (vt)	изучавам	[izutʃávam]
exigir (vt)	изисквам	[izískvam]
existir (vi)	съществувам	[səʃtestvúvam]
explicar (vt)	обяснявам	[obʲasnʲávam]

falar (vi)	говоря	[govórʲa]
faltar (a la escuela, etc.)	пропускам	[propúskam]
fazer (vt)	правя	[právʲa]
ficar em silêncio	мълча	[məltʃá]
gabar-se (vr)	хваля се	[hválʲa se]
gostar (apreciar)	харесвам	[harésvam]
gritar (vi)	викам	[víkam]

guardar (fotos, etc.)	съхранявам	[səhranʲávam]
informar (vt)	информирам	[informíram]
insistir (vi)	настоявам	[nastojávam]

insultar (vt)	оскърбявам	[oskərbʲávam]
interessar-se (vr)	интересувам се	[interesúvam se]
ir (a pé)	вървя	[vərvʲá]
ir nadar	къпя се	[képʲa se]
jantar (vi)	вечерям	[vetʃérʲam]

12. Os verbos mais importantes. Parte 3

ler (vt)	чета	[tʃeta]
libertar, liberar (vt)	освобождавам	[osvoboʒdávam]
matar (vt)	убивам	[ubívam]
mencionar (vt)	споменавам	[spomenávam]
mostrar (vt)	показвам	[pokázvam]

mudar (modificar)	сменям	[smménʲam]
nadar (vi)	плувам	[plúvam]
negar-se a ... (vr)	отказвам се	[otkázvam se]
objetar (vt)	възразявам	[vəzrazʲávam]

observar (vt)	наблюдавам	[nablʲudávam]
ordenar (mil.)	заповядвам	[zapovʲádvam]
ouvir (vt)	чувам	[tʃúvam]
pagar (vt)	плащам	[pláʃtam]
parar (vi)	спирам се	[spíram se]

parar, cessar (vt)	прекратявам	[prekratʲávam]
participar (vi)	участвам	[utʃástvam]
pedir (comida, etc.)	поръчвам	[porétʃvam]
pedir (um favor, etc.)	моля	[mólʲa]
pegar (tomar)	взимам	[vzímam]

pegar (uma bola)	ловя	[lovʲá]
pensar (vi, vt)	мисля	[míslʲa]
perceber (ver)	забелязвам	[zabelʲázvam]
perdoar (vt)	прощавам	[proʃtávam]
perguntar (vt)	питам	[pítam]

permitir (vt)	разрешавам	[razreʃávam]
pertencer a ... (vi)	принадлежа ...	[prinadleʒá]
planejar (vt)	планирам	[planíram]
poder (~ fazer algo)	мога	[móga]
possuir (uma casa, etc.)	владея	[vladéja]

preferir (vt)	предпочитам	[pretpotʃítam]
preparar (vt)	готвя	[gótvʲa]
prever (vt)	предвиждам	[predvíʒdam]
prometer (vt)	обещавам	[obeʃtávam]
pronunciar (vt)	произнасям	[proiznásʲam]
propor (vt)	предлагам	[predlágam]
punir (castigar)	наказвам	[nakázvam]

quebrar (vt)	чупя	[tʃúpʲa]
queixar-se de ...	оплаквам се	[oplákvam se]
querer (desejar)	искам	[ískam]

13. Os verbos mais importantes. Parte 4

ralhar, repreender (vt)	ругая	[rugája]
recomendar (vt)	съветвам	[səvétvam]
repetir (dizer outra vez)	повтарям	[poftárʲam]
reservar (~ um quarto)	резервирам	[rezervíram]
responder (vt)	отговарям	[otgovárʲam]

rezar, orar (vi)	моля се	[mólʲa se]
rir (vi)	смея се	[sméja se]
roubar (vt)	крада	[kradá]
saber (vt)	знам	[znam]
sair (~ de casa)	излизам	[izlízam]

salvar (resgatar)	спасявам	[spasʲávam]
seguir (~ alguém)	вървя след ...	[varvʲá slet]
sentar-se (vr)	сядам	[sʲádam]
ser necessário	трябвам	[trʲábvam]

ser, estar	съм, бъда	[səm], [béda]
significar (vt)	означавам	[oznatʃávam]
sorrir (vi)	усмихвам се	[usmíhvam se]
subestimar (vt)	недооценявам	[nedootsenʲávam]
surpreender-se (vr)	удивлявам се	[udivlʲávam se]

tentar (~ fazer)	опитвам се	[opítvam se]
ter (vt)	имам	[ímam]
ter fome	искам да ям	[ískam da jam]

ter medo	страхувам се	[strahúvam se]
ter sede	искам да пия	[ískam da píja]
tocar (com as mãos)	пипам	[pípam]
tomar café da manhã	закусвам	[zakúsvam]
trabalhar (vi)	работя	[rabótʲa]
traduzir (vt)	превеждам	[prevéʒdam]

unir (vt)	обединявам	[obedinʲávam]
vender (vt)	продавам	[prodávam]
ver (vt)	виждам	[víʒdam]
virar (~ para a direita)	завивам	[zavívam]
voar (vi)	летя	[letʲá]

14. Cores

cor (f)	цвят (м)	[tsvʲat]
tom (m)	оттенък (м)	[otténək]
tonalidade (m)	тон (м)	[ton]
arco-íris (m)	небесна дъга (ж)	[nebésna dəgá]

branco (adj)	бял	[bʲal]
preto (adj)	черен	[tʃéren]
cinza (adj)	сив	[siv]

verde (adj)	зелен	[zelén]
amarelo (adj)	жълт	[ʒəlt]
vermelho (adj)	червен	[tʃervén]

azul (adj)	син	[sin]
azul claro (adj)	небесносин	[nebesnosín]
rosa (adj)	розов	[rózov]
laranja (adj)	оранжев	[oránʒev]
violeta (adj)	виолетов	[violétov]
marrom (adj)	кафяв	[kafʲáv]

dourado (adj)	златен	[zláten]
prateado (adj)	сребрист	[srebríst]

bege (adj)	бежов	[béʒov]
creme (adj)	кремав	[krémaf]
turquesa (adj)	тюркоазен	[tʲurkoázen]
vermelho cereja (adj)	вишнев	[víʃnev]
lilás (adj)	лилав	[liláf]
carmim (adj)	малинов	[malínov]

claro (adj)	светъл	[svétəl]
escuro (adj)	тъмен	[témen]
vivo (adj)	ярък	[járək]

de cor	цветен	[tsvéten]
a cores	цветен	[tsvéten]
preto e branco (adj)	черно-бял	[tʃérno-bʲal]
unicolor (de uma só cor)	едноцветен	[edno·tsvéten]
multicolor (adj)	многоцветен	[mnogo·tsvéten]

15. Questões

Quem?	Кой?	[koj]
O que?	Какво?	[kakvó]
Onde?	Къде?	[kədé]
Para onde?	Къде?	[kədé]
De onde?	Откъде?	[otkədé]
Quando?	Кога?	[kogá]
Para quê?	За какво?	[za kakvó]
Por quê?	Защо?	[zaʃtó]

Para quê?	За какво?	[za kakvó]
Como?	Как?	[kak]
Qual (~ deles?)	Кой?	[koj]

A quem?	На кого?	[na kogó]
De quem?	За кого?	[za kogó]
Do quê?	За какво?	[za kakvó]
Com quem?	С кого?	[s kogó]

| Quanto, -os, -as? | Колко? | [kólko] |
| De quem? (masc.) | Чий? | [tʃij] |

16. Preposições

com (prep.)	с ...	[s]
sem (prep.)	без	[bez]
a, para (exprime lugar)	в, във	[v], [vəf]
sobre (ex. falar ~)	за	[za]
antes de ...	преди	[predí]
em frente de ...	пред ...	[pret]
debaixo de ...	под	[pot]
sobre (em cima de)	над	[nat]
em ..., sobre ...	върху	[vərhú]
de, do (sou ~ Rio de Janeiro)	от	[ot]
de (feito ~ pedra)	от	[ot]
em (~ 3 dias)	след	[slet]
por cima de ...	през	[pres]

17. Palavras funcionais. Advérbios. Parte 1

Onde?	Къде?	[kədé]
aqui	тук	[tuk]
lá, ali	там	[tam]
em algum lugar	някъде	[nʲákəde]
em lugar nenhum	никъде	[níkəde]
perto de ...	до ...	[do]
perto da janela	до прозореца	[do prozóretsa]
Para onde?	Къде?	[kədé]
aqui	тук	[tuk]
para lá	нататък	[natátək]
daqui	оттук	[ottúk]
de lá, dali	оттам	[ottám]
perto	близо	[blízo]
longe	далече	[dalétʃe]
perto de ...	до	[do]
à mão, perto	редом	[rédom]
não fica longe	недалече	[nedalétʃe]
esquerdo (adj)	ляв	[lʲav]
à esquerda	отляво	[otlʲávo]
para a esquerda	вляво	[vlʲávo]
direito (adj)	десен	[désen]
à direita	отдясно	[otdʲásno]

para a direita	вдясно	[vdʲásno]
em frente	отпред	[otprét]
da frente	преден	[préden]
adiante (para a frente)	напред	[naprét]
atrás de …	отзад	[otzát]
de trás	отзад	[otzát]
para trás	назад	[nazát]
meio (m), metade (f)	среда (ж)	[sredá]
no meio	по средата	[po sredáta]
do lado	встрани	[fstraní]
em todo lugar	навсякъде	[nafsʲákəde]
por todos os lados	наоколо	[naókolo]
de dentro	отвътре	[otvétre]
para algum lugar	някъде	[nʲákəde]
diretamente	направо	[naprávo]
de volta	обратно	[obrátno]
de algum lugar	откъдето и да е	[otkədéto i da e]
de algum lugar	отнякъде	[otnʲákəde]
em primeiro lugar	първо	[pérvo]
em segundo lugar	второ	[ftóro]
em terceiro lugar	трето	[tréto]
de repente	изведнъж	[izvednéʃ]
no início	в началото	[f natʃáloto]
pela primeira vez	за пръв път	[za prəv pét]
muito antes de …	много време преди …	[mnógo vréme predí]
de novo	наново	[nanóvo]
para sempre	завинаги	[zavínagi]
nunca	никога	[níkoga]
de novo	пак	[pak]
agora	сега	[segá]
frequentemente	често	[tʃésto]
então	тогава	[togáva]
urgentemente	срочно	[srótʃno]
normalmente	обикновено	[obiknovéno]
a propósito, …	между другото …	[méʒdu drúgoto]
é possível	възможно	[vəzmóʒno]
provavelmente	вероятно	[verojátno]
talvez	може би	[móʒe bi]
além disso, …	освен това, …	[osvén tová]
por isso …	затова	[zatová]
apesar de …	въпреки че …	[vépreki tʃe]
graças a …	благодарение на …	[blagodarénie na]
que (pron.)	какво	[kakvó]
que (conj.)	че	[tʃe]
algo	нещо	[néʃto]
alguma coisa	нещо	[néʃto]

nada	нищо	[níʃto]
quem	кой	[koj]
alguém (~ que …)	някой	[nʲákoj]
alguém (com ~)	някой	[nʲákoj]

ninguém	никой	[níkoj]
para lugar nenhum	никъде	[níkəde]
de ninguém	ничий	[nítʃij]
de alguém	нечий	[nétʃij]

tão	така	[taká]
também (gostaria ~ de …)	също така	[séʃto taká]
também (~ eu)	също	[séʃto]

18. Palavras funcionais. Advérbios. Parte 2

Por quê?	Защо?	[zaʃtó]
por alguma razão	кой знае защо	[koj znáe zaʃtó]
porque …	защото …	[zaʃtóto]
por qualquer razão	кой знае защо	[koj znáe zaʃtó]

e (tu ~ eu)	и	[i]
ou (ser ~ não ser)	или	[ilí]
mas (porém)	но	[no]
para (~ a minha mãe)	за	[za]

muito, demais	прекалено	[prekaléno]
só, somente	само	[sámo]
exatamente	точно	[tótʃno]
cerca de (~ 10 kg)	около	[ókolo]

aproximadamente	приблизително	[priblizítelno]
aproximado (adj)	приблизителен	[priblizítelen]
quase	почти	[potʃtí]
resto (m)	остатък (м)	[ostátək]

o outro (segundo)	друг	[druk]
outro (adj)	друг	[druk]
cada (adj)	всеки	[fséki]
qualquer (adj)	всеки	[fséki]
muito, muitos, muitas	много	[mnógo]
muitas pessoas	много	[mnógo]
todos	всички	[fsítʃki]

em troca de …	в обмяна на …	[v obmʲána na]
em troca	в замяна	[v zamʲána]
à mão	ръчно	[rétʃno]
pouco provável	едва ли	[edvá li]

provavelmente	вероятно	[verojátno]
de propósito	специално	[spetsiálno]
por acidente	случайно	[slutʃájno]
muito	много	[mnógo]
por exemplo	например	[naprímer]

entre	между	[meʒdú]
entre (no meio de)	сред	[sret]
tanto	толкова	[tólkova]
especialmente	особено	[osóbeno]

Conceitos básicos. Parte 2

19. Dias da semana

segunda-feira (f)	понеделник (м)	[ponedélnik]
terça-feira (f)	вторник (м)	[ftórnik]
quarta-feira (f)	сряда (ж)	[srʲáda]
quinta-feira (f)	четвъртък (м)	[ʧetvértək]
sexta-feira (f)	петък (м)	[pétək]
sábado (m)	събота (ж)	[sébota]
domingo (m)	неделя (ж)	[nedélʲa]

hoje	днес	[dnes]
amanhã	утре	[útre]
depois de amanhã	вдругиден	[vdrugidén]
ontem	вчера	[vʧéra]
anteontem	завчера	[závʧera]

dia (m)	ден (м)	[den]
dia (m) de trabalho	работен ден (м)	[rabóten den]
feriado (m)	празничен ден (м)	[prázniʧen den]
dia (m) de folga	почивен ден (м)	[poʧíven dén]
fim (m) de semana	почивни дни (м мн)	[poʧívni dni]

o dia todo	цял ден	[tsʲal den]
no dia seguinte	на следващия ден	[na slédvaʃtija den]
há dois dias	преди два дена	[predí dva déna]
na véspera	в навечерието	[v naveʧérieto]
diário (adj)	всекидневен	[fsekidnéven]
todos os dias	всекидневно	[fsekidnévno]

semana (f)	седмица (ж)	[sédmitsa]
na semana passada	през миналата седмица	[pres mínalata sédmitsa]
semana que vem	през следващата седмица	[pres slédvaʃtata sédmitsa]
semanal (adj)	седмичен	[sédmiʧen]
toda semana	седмично	[sédmiʧno]
duas vezes por semana	два пъти на седмица	[dva petí na sédmitsa]
toda terça-feira	всеки вторник	[fséki ftórnik]

20. Horas. Dia e noite

manhã (f)	сутрин (ж)	[sútrin]
de manhã	сутринта	[sutrintá]
meio-dia (m)	пладне (с)	[pládne]
à tarde	следобед	[sledóbet]

tardinha (f)	вечер (ж)	[véʧer]
à tardinha	вечер	[véʧer]

noite (f)	нощ (ж)	[noʃt]
à noite	нощем	[nóʃtem]
meia-noite (f)	полунощ (ж)	[polunóʃt]

segundo (m)	секунда (ж)	[sekúnda]
minuto (m)	минута (ж)	[minúta]
hora (f)	час (м)	[tʃas]
meia hora (f)	половин час (м)	[polovín tʃas]
quarto (m) de hora	четвърт (ж) час	[tʃétvərt tʃas]
quinze minutos	петнадесет минути	[petnádeset minúti]
vinte e quatro horas	денонощие (с)	[denonóʃtie]

nascer (m) do sol	изгрев слънце (с)	[ízgrev sléntsə]
amanhecer (m)	разсъмване (с)	[rassémvane]
madrugada (f)	ранна сутрин (ж)	[ránna sútrin]
pôr-do-sol (m)	залез (м)	[zález]

de madrugada	рано сутрин	[ráno sútrin]
esta manhã	тази сутрин	[tázi sútrin]
amanhã de manhã	утре сутрин	[útre sútrin]

esta tarde	днес през деня	[dnes pres denʲá]
à tarde	следобед	[sledóbet]
amanhã à tarde	утре следобед	[útre sledóbet]

| esta noite, hoje à noite | довечера | [dovétʃera] |
| amanhã à noite | утре вечер | [útre vétʃer] |

às três horas em ponto	точно в три часа	[tótʃno v tri tʃasá]
por volta das quatro	около четири часа	[ókolo tʃétiri tʃasá]
às doze	към дванадесет часа	[kəm dvanádeset tʃasá]

em vinte minutos	след двадесет минути	[slet dvádeset minúti]
em uma hora	след един час	[slet edín tʃas]
a tempo	навреме	[navréme]

... um quarto para	без четвърт ...	[bes tʃétvərt]
dentro de uma hora	в течение на един час	[v tetʃénie na edín tʃas]
a cada quinze minutos	на всеки петнадесет минути	[na fséki petnádeset minúti]
as vinte e quatro horas	цяло денонощие	[tsʲálo denonóʃtie]

21. Meses. Estações

janeiro (m)	януари (м)	[januári]
fevereiro (m)	февруари (м)	[fevruári]
março (m)	март (м)	[mart]
abril (m)	април (м)	[apríl]
maio (m)	май (м)	[maj]
junho (m)	юни (м)	[júni]

julho (m)	юли (м)	[júli]
agosto (m)	август (м)	[ávgust]
setembro (m)	септември (м)	[septémvri]

outubro (m)	**октомври** (м)	[októmvri]
novembro (m)	**ноември** (м)	[noémvri]
dezembro (m)	**декември** (м)	[dekémvri]
primavera (f)	**пролет** (ж)	[prólet]
na primavera	**през пролетта**	[prez prolettá]
primaveril (adj)	**пролетен**	[próleten]
verão (m)	**лято** (c)	[lʲáto]
no verão	**през лятото**	[prez lʲátoto]
de verão	**летен**	[léten]
outono (m)	**есен** (ж)	[ésen]
no outono	**през есента**	[prez esentá]
outonal (adj)	**есенен**	[ésenen]
inverno (m)	**зима** (ж)	[zíma]
no inverno	**през зимата**	[prez zímata]
de inverno	**зимен**	[zímen]
mês (m)	**месец** (м)	[mésets]
este mês	**през този месец**	[pres tózi mésets]
mês que vem	**през следващия месец**	[prez slédvaʃtija mésets]
no mês passado	**през миналия месец**	[prez mínalija mésets]
um mês atrás	**преди един месец**	[predí edín mésets]
em um mês	**след един месец**	[slet edín mésets]
em dois meses	**след два месеца**	[slet dva mésetsa]
todo o mês	**цял месец**	[tsʲal mésets]
um mês inteiro	**цял месец**	[tsʲal mésets]
mensal (adj)	**месечен**	[mésetʃen]
mensalmente	**месечно**	[mésetʃno]
todo mês	**всеки месец**	[fséki mésets]
duas vezes por mês	**два пъти на месец**	[dva páti na mésets]
ano (m)	**година** (ж)	[godína]
este ano	**тази година**	[tázi godína]
ano que vem	**през следващата година**	[prez slédvaʃtata godína]
no ano passado	**през миналата година**	[prez mínalata godína]
há um ano	**преди една година**	[predí edná godína]
em um ano	**след една година**	[slet edná godína]
dentro de dois anos	**след две години**	[slet dve godíni]
todo o ano	**цяла година**	[tsʲála godína]
um ano inteiro	**цяла година**	[tsʲála godína]
cada ano	**всяка година**	[fsʲáka godína]
anual (adj)	**ежегоден**	[eʒegóden]
anualmente	**ежегодно**	[eʒegódno]
quatro vezes por ano	**четири пъти годишно**	[tʃétiri páti godíʃno]
data (~ de hoje)	**число** (c)	[tʃisló]
data (ex. ~ de nascimento)	**дата** (ж)	[dáta]
calendário (m)	**календар** (м)	[kalendár]
meio ano	**половин година**	[polovín godína]

seis meses	полугодие (c)	[polugódie]
estação (f)	сезон (м)	[sezón]
século (m)	век (м)	[vek]

22. Unidades de medida

peso (m)	тегло (c)	[tegló]
comprimento (m)	дължина (ж)	[dəʒiná]
largura (f)	широчина (ж)	[ʃirotʃiná]
altura (f)	височина (ж)	[visotʃiná]
profundidade (f)	дълбочина (ж)	[dəlbotʃiná]
volume (m)	обем (м)	[obém]
área (f)	площ (ж)	[ploʃt]

grama (m)	грам (м)	[gram]
miligrama (m)	милиграм (м)	[miligrám]
quilograma (m)	килограм (м)	[kilográm]
tonelada (f)	тон (м)	[ton]
libra (453,6 gramas)	фунт (м)	[funt]
onça (f)	унция (ж)	[úntsija]

metro (m)	метър (м)	[métər]
milímetro (m)	милиметър (м)	[milimétər]
centímetro (m)	сантиметър (м)	[santimétər]
quilômetro (m)	километър (м)	[kilométər]
milha (f)	миля (ж)	[mílʲa]

polegada (f)	дюйм (м)	[dʲujm]
pé (304,74 mm)	фут (м)	[fut]
jarda (914,383 mm)	ярд (м)	[jart]

| metro (m) quadrado | квадратен метър (м) | [kvadráten métər] |
| hectare (m) | хектар (м) | [hektár] |

litro (m)	литър (м)	[lítər]
grau (m)	градус (м)	[grádus]
volt (m)	волт (м)	[volt]
ampère (m)	ампер (м)	[ampér]
cavalo (m) de potência	конска сила (ж)	[kónska síla]

quantidade (f)	количество (c)	[kolítʃestvo]
um pouco de ...	малко ...	[málko]
metade (f)	половина (ж)	[polovína]
dúzia (f)	дузина (ж)	[duzína]
peça (f)	брой (м)	[broj]

| tamanho (m), dimensão (f) | размер (м) | [razmér] |
| escala (f) | мащаб (м) | [maʃtáp] |

mínimo (adj)	минимален	[minimálen]
menor, mais pequeno	най-малък	[naj-málək]
médio (adj)	среден	[sréden]
máximo (adj)	максимален	[maksimálen]
maior, mais grande	най-голям	[naj-golʲám]

23. Recipientes

pote (m) de vidro	буркан (м)	[burkán]
lata (~ de cerveja)	тенекия (ж)	[tenekíja]
balde (m)	кофа (ж)	[kófa]
barril (m)	бъчва (ж)	[bétʃva]
bacia (~ de plástico)	леген (м)	[legén]
tanque (m)	резервоар (м)	[rezervoár]
cantil (m) de bolso	манерка (ж)	[manérka]
galão (m) de gasolina	туба (ж)	[túba]
cisterna (f)	цистерна (ж)	[tsistérna]
caneca (f)	чаша (ж)	[tʃáʃa]
xícara (f)	чаша (ж)	[tʃáʃa]
pires (m)	чинийка (ж)	[tʃiníjka]
copo (m)	стакан (м)	[stakán]
taça (f) de vinho	чаша (ж) за вино	[tʃáʃa za víno]
panela (f)	тенджера (ж)	[téndʒera]
garrafa (f)	бутилка (ж)	[butílka]
gargalo (m)	гърло (с) на бутилка	[gérlo na butílka]
jarra (f)	гарафа (ж)	[garáfa]
jarro (m)	кана (ж)	[kána]
recipiente (m)	съд (м)	[sət]
pote (m)	гърне (с)	[gərné]
vaso (m)	ваза (ж)	[váza]
frasco (~ de perfume)	шишенце (с)	[ʃiʃéntse]
frasquinho (m)	шишенце (с)	[ʃiʃéntse]
tubo (m)	тубичка (ж)	[túbitʃka]
saco (ex. ~ de açúcar)	чувал (м)	[tʃuvál]
sacola (~ plastica)	плик (м)	[plik]
maço (de cigarros, etc.)	кутия (ж)	[kutíja]
caixa (~ de sapatos, etc.)	кутия (ж)	[kutíja]
caixote (~ de madeira)	щайга (ж)	[ʃtájga]
cesto (m)	кошница (ж)	[kóʃnitsa]

O SER HUMANO

O ser humano. O corpo

24. Cabeça

cabeça (f)	глава (ж)	[glavá]
rosto, cara (f)	лице (c)	[litsé]
nariz (m)	нос (м)	[nos]
boca (f)	уста (ж)	[ustá]
olho (m)	око (c)	[okó]
olhos (m pl)	очи (с мн)	[otʃí]
pupila (f)	зеница (ж)	[zénitsa]
sobrancelha (f)	вежда (ж)	[véʒda]
cílio (f)	мигла (ж)	[mígla]
pálpebra (f)	клепач (м)	[klepátʃ]
língua (f)	език (м)	[ezík]
dente (m)	зъб (м)	[zəp]
lábios (m pl)	устни (ж мн)	[ústni]
maçãs (f pl) do rosto	скули (ж мн)	[skúli]
gengiva (f)	венец (м)	[venéts]
palato (m)	небце (c)	[nebtsé]
narinas (f pl)	ноздри (ж мн)	[nózdri]
queixo (m)	брадичка (ж)	[bradítʃka]
mandíbula (f)	челюст (ж)	[tʃélʲust]
bochecha (f)	буза (ж)	[búza]
testa (f)	чело (c)	[tʃeló]
têmpora (f)	слепоочие (c)	[slepoótʃie]
orelha (f)	ухо (c)	[uhó]
costas (f pl) da cabeça	тил (м)	[til]
pescoço (m)	шия (ж)	[ʃíja]
garganta (f)	гърло (c)	[gérlo]
cabelo (m)	коса (ж)	[kosá]
penteado (m)	прическа (ж)	[pritʃéska]
corte (m) de cabelo	подстригване (c)	[potstrígvane]
peruca (f)	перука (ж)	[perúka]
bigode (m)	мустаци (м мн)	[mustátsi]
barba (f)	брада (ж)	[bradá]
ter (~ barba, etc.)	нося	[nósʲa]
trança (f)	коса (ж)	[kosá]
suíças (f pl)	бакенбарди (мн)	[bakenbárdi]
ruivo (adj)	червенокос	[tʃervenokós]
grisalho (adj)	беловлас	[belovlás]

| careca (adj) | плешив | [pleʃív] |
| calva (f) | плешивина (ж) | [pleʃiviná] |

| rabo-de-cavalo (m) | опашка (ж) | [opáʃka] |
| franja (f) | бретон (м) | [bretón] |

25. Corpo humano

| mão (f) | китка (ж) | [kítka] |
| braço (m) | ръка (ж) | [rəká] |

dedo (m)	пръст (м)	[prəst]
dedo (m) do pé	пръст (м) на крак	[prəst na krak]
polegar (m)	палец (м)	[pálets]
dedo (m) mindinho	кутре (с)	[kutré]
unha (f)	нокът (м)	[nókət]

punho (m)	юмрук (м)	[jumrúk]
palma (f)	длан (ж)	[dlan]
pulso (m)	китка (ж)	[kítka]
antebraço (m)	предмишница (ж)	[predmíʃnitsa]
cotovelo (m)	лакът (м)	[lákət]
ombro (m)	рамо (с)	[rámo]

perna (f)	крак (м)	[krak]
pé (m)	ходило (с)	[hodílo]
joelho (m)	коляно (с)	[kolʲáno]
panturrilha (f)	прасец (м)	[praséts]
quadril (m)	бедро (с)	[bedró]
calcanhar (m)	пета (ж)	[petá]

corpo (m)	тяло (с)	[tʲálo]
barriga (f), ventre (m)	корем (м)	[korém]
peito (m)	гръд (ж)	[grəd]
seio (m)	женска гръд (ж)	[ʒénska grəd]
lado (m)	страна (ж)	[straná]
costas (dorso)	гръб (м)	[grəp]
região (f) lombar	кръст (м)	[krəst]
cintura (f)	талия (ж)	[tálija]

umbigo (m)	пъп (м)	[pəp]
nádegas (f pl)	седалище (с)	[sedáliʃte]
traseiro (m)	задник (м)	[zádnik]

sinal (m), pinta (f)	бенка (ж)	[bénka]
sinal (m) de nascença	родилно петно (с)	[rodílno petnó]
tatuagem (f)	татуировка (ж)	[tatuirófka]
cicatriz (f)	белег (м)	[bélek]

Vestuário & Acessórios

26. Roupa exterior. Casacos

roupa (f)	облекло (c)	[oblekló]
roupa (f) exterior	горни дрехи (ж мн)	[górni dréhi]
roupa (f) de inverno	зимни дрехи (ж мн)	[zímni dréhi]
sobretudo (m)	палто (c)	[paltó]
casaco (m) de pele	кожено палто (c)	[kóʒeno paltó]
jaqueta (f) de pele	полушубка (ж)	[poluʃúpka]
casaco (m) acolchoado	пухено яке (c)	[púheno jáke]
casaco (m), jaqueta (f)	яке (c)	[jáke]
impermeável (m)	шлифер (м)	[ʃlífer]
a prova d'água	непромокаем	[nepromokáem]

27. Vestuário de homem & mulher

camisa (f)	риза (ж)	[ríza]
calça (f)	панталон (м)	[pantalón]
jeans (m)	дънки, джинси (мн)	[dénki], [dʒínsi]
paletó, terno (m)	сако (c)	[sakó]
terno (m)	костюм (м)	[kostʲúm]
vestido (ex. ~ de noiva)	рокля (ж)	[róklʲa]
saia (f)	пола (ж)	[polá]
blusa (f)	блуза (ж)	[blúza]
casaco (m) de malha	жилетка (ж)	[ʒilétka]
casaco, blazer (m)	сако (c)	[sakó]
camiseta (f)	тениска (ж)	[téniska]
short (m)	къси панталони (м мн)	[kési pantalóni]
training (m)	анцуг (м)	[ántsuk]
roupão (m) de banho	хавлиен халат (м)	[havlíen halát]
pijama (m)	пижама (ж)	[piʒáma]
suéter (m)	пуловер (м)	[pulóver]
pulôver (m)	пуловер (м)	[pulóver]
colete (m)	елек (м)	[elék]
fraque (m)	фрак (м)	[frak]
smoking (m)	смокинг (м)	[smóking]
uniforme (m)	униформа (ж)	[unifórma]
roupa (f) de trabalho	работно облекло (c)	[rabótno oblekló]
macacão (m)	гащеризон (м)	[gaʃterizón]
jaleco (m), bata (f)	бяла престилка (ж)	[bʲála prestílka]

28. Vestuário. Roupa interior

roupa (f) íntima	бельо (с)	[belʲó]
cueca boxer (f)	боксер (м)	[boksér]
calcinha (f)	прашка (ж)	[práʃka]
camiseta (f)	потник (м)	[pótnik]
meias (f pl)	чорапи (м мн)	[ʧorápi]
camisola (f)	нощница (ж)	[nóʃtnitsa]
sutiã (m)	сутиен (м)	[sutién]
meias longas (f pl)	чорапи три четвърт (м мн)	[ʧorápi tri ʧétvərt]
meias-calças (f pl)	чорапогащник (м)	[ʧorapogáʃtnik]
meias (~ de nylon)	чорапи (м мн)	[ʧorápi]
maiô (m)	бански костюм (м)	[bánski kostʲúm]

29. Adereços de cabeça

chapéu (m), touca (f)	шапка (ж)	[ʃápka]
chapéu (m) de feltro	шапка (ж)	[ʃápka]
boné (m) de beisebol	шапка (ж) с козирка	[ʃápka s kozirká]
boina (~ italiana)	каскет (м)	[kaskét]
boina (ex. ~ basca)	барета (ж)	[baréta]
capuz (m)	качулка (ж)	[kaʧúlka]
chapéu panamá (m)	панама (ж)	[panáma]
touca (f)	плетена шапка (ж)	[plétena ʃápka]
lenço (m)	кърпа (ж)	[kérpa]
chapéu (m) feminino	шапка (ж)	[ʃápka]
capacete (m) de proteção	каска (ж)	[káska]
bibico (m)	пилотка (ж)	[pilótka]
capacete (m)	шлем (м)	[ʃlem]
chapéu-coco (m)	бомбе (с)	[bombé]
cartola (f)	цилиндър (м)	[tsilíndər]

30. Calçado

calçado (m)	обувки (ж мн)	[obúfki]
botinas (f pl), sapatos (m pl)	ботинки (мн)	[botínki]
sapatos (de salto alto, etc.)	обувки (ж мн)	[obúfki]
botas (f pl)	ботуши (м мн)	[botúʃi]
pantufas (f pl)	чехли (м мн)	[ʧéhli]
tênis (~ Nike, etc.)	маратонки (ж мн)	[maratónki]
tênis (~ Converse)	кецове (м мн)	[kétsove]
sandálias (f pl)	сандали (мн)	[sandáli]
sapateiro (m)	обущар (м)	[obuʃtár]
salto (m)	ток (м)	[tok]

par (m)	чифт (м)	[ʧift]
cadarço (m)	връзка (ж)	[vréska]
amarrar os cadarços	връзвам	[vrézvam]
calçadeira (f)	обувалка (ж)	[obuválka]
graxa (f) para calçado	крем (м) за обувки	[krem za obúfki]

31. Acessórios pessoais

luva (f)	ръкавици (ж мн)	[rəkavítsi]
mitenes (f pl)	ръкавици (ж мн) с един пръст	[rəkavítsi s edín pərst]
cachecol (m)	шал (м)	[ʃal]

óculos (m pl)	очила (мн)	[otʃilá]
armação (f)	рамка (ж) за очила	[rámka za otʃilá]
guarda-chuva (m)	чадър (м)	[ʧadér]
bengala (f)	бастун (м)	[bastún]
escova (f) para o cabelo	четка (ж) за коса	[ʧétka za kosá]
leque (m)	ветрило (с)	[vetrílo]

gravata (f)	вратовръзка (ж)	[vratovrézka]
gravata-borboleta (f)	папийонка (ж)	[papijónka]
suspensórios (m pl)	тиранти (мн)	[tiránti]
lenço (m)	носна кърпичка (ж)	[nósna kérpiʧka]

pente (m)	гребен (м)	[grében]
fivela (f) para cabelo	шнола (ж)	[ʃnóla]
grampo (m)	фиба (ж)	[fíba]
fivela (f)	катарама (ж)	[kataráma]

| cinto (m) | колан (м) | [kolán] |
| alça (f) de ombro | ремък (м) | [rémək] |

bolsa (f)	чанта (ж)	[ʧánta]
bolsa (feminina)	чантичка (ж)	[ʧántiʧka]
mochila (f)	раница (ж)	[ránitsa]

32. Vestuário. Diversos

moda (f)	мода (ж)	[móda]
na moda (adj)	модерен	[modéren]
estilista (m)	моделиер (м)	[modeliér]

colarinho (m)	яка (ж)	[jaká]
bolso (m)	джоб (м)	[dʒop]
de bolso	джобен	[dʒóben]
manga (f)	ръкав (м)	[rəkáv]
ganchinho (m)	закачалка (ж)	[zakaʧálka]
bragueta (f)	копчелък (м)	[kopʧelék]

| zíper (m) | цип (м) | [tsip] |
| colchete (m) | закопчалка (ж) | [zakopʧálka] |

botão (m)	копче (с)	[kóptʃe]
botoeira (casa de botão)	илик (м)	[ilík]
soltar-se (vr)	откъсна се	[otkɘ́sna se]

costurar (vi)	шия	[ʃíja]
bordar (vt)	бродирам	[brodíram]
bordado (m)	бродерия (ж)	[brodérija]
agulha (f)	игла (ж)	[iglá]
fio, linha (f)	конец (м)	[konéts]
costura (f)	тегел (м)	[tegél]

sujar-se (vr)	изцапам се	[istsápam se]
mancha (f)	петно (с)	[petnó]
amarrotar-se (vr)	смачкам се	[smátʃkam se]
rasgar (vt)	скъсам	[skɘ́sam]
traça (f)	молец (м)	[moléts]

33. Cuidados pessoais. Cosméticos

pasta (f) de dente	паста (ж) за зъби	[pásta za zɘ́bi]
escova (f) de dente	четка (ж) за зъби	[tʃétka za zɘ́bi]
escovar os dentes	мия си зъбите	[míja si zɘ́bite]

gilete (f)	бръснач (м)	[brɘsnátʃ]
creme (m) de barbear	крем (м) за бръснене	[krem za brésnene]
barbear-se (vr)	бръсна се	[brɘ́sna se]

sabonete (m)	сапун (м)	[sapún]
xampu (m)	шампоан (м)	[ʃampoán]

tesoura (f)	ножица (ж)	[nóʒitsa]
lixa (f) de unhas	пиличка (ж) за нокти	[pílitʃka za nókti]
corta-unhas (m)	ножичка (ж) за нокти	[nóʒitʃka za nókti]
pinça (f)	пинсета (ж)	[pinséta]

cosméticos (m pl)	козметика (ж)	[kozmétika]
máscara (f)	маска (ж)	[máska]
manicure (f)	маникюр (м)	[manikʲúr]
fazer as unhas	правя маникюр	[právʲa manikʲúr]
pedicure (f)	педикюр (м)	[pedikʲúr]

bolsa (f) de maquiagem	козметична чантичка (ж)	[kozmetítʃna tʃántitʃka]
pó (de arroz)	пудра (ж)	[púdra]
pó (m) compacto	пудриера (ж)	[pudriéra]
blush (m)	руж (ж)	[ruʃ]

perfume (m)	парфюм (м)	[parfʲúm]
água-de-colônia (f)	тоалетна вода (ж)	[toalétna vodá]
loção (f)	лосион (м)	[losión]
colônia (f)	одеколон (м)	[odekolón]

sombra (f) de olhos	сенки (ж мн) за очи	[sénki za otʃí]
delineador (m)	молив (м) за очи	[móliv za otʃí]
máscara (f), rímel (m)	спирала (ж)	[spirála]

batom (m)	червило (c)	[tʃervílo]
esmalte (m)	лак (м) за нокти	[lak za nókti]
laquê (m), spray fixador (m)	лак (м) за коса	[lak za kosá]
desodorante (m)	дезодорант (м)	[dezodoránt]

creme (m)	крем (м)	[krem]
creme (m) de rosto	крем (м) за лице	[krem za litsé]
creme (m) de mãos	крем (м) за ръце	[krem za rətsé]
creme (m) antirrugas	крем (м) срещу бръчки	[krem sreʃtú brétʃki]
creme (m) de dia	дневен крем (м)	[dnéven krem]
creme (m) de noite	нощен крем (м)	[nóʃten krem]
de dia	дневен	[dnéven]
da noite	нощен	[nóʃten]

absorvente (m) interno	тампон (м)	[tampón]
papel (m) higiênico	тоалетна хартия (ж)	[toalétna hartíja]
secador (m) de cabelo	сешоар (м)	[seʃoár]

34. Relógios de pulso. Relógios

relógio (m) de pulso	часовник (м)	[tʃasóvnik]
mostrador (m)	циферблат (м)	[tsiferblát]
ponteiro (m)	стрелка (ж)	[strelká]
bracelete (em aço)	гривна (ж)	[grívna]
bracelete (em couro)	каишка (ж)	[kaíʃka]

pilha (f)	батерия (ж)	[batérija]
acabar (vi)	батерията се изтощи	[batérijata se istoʃtí]
trocar a pilha	сменям батерия	[ménʲam batérija]
estar adiantado	избързвам	[izbérzvam]
estar atrasado	изоставам	[izostávam]

relógio (m) de parede	стенен часовник (м)	[sténen tʃasóvnik]
ampulheta (f)	пясъчен часовник (м)	[pʲásətʃen tʃasóvnik]
relógio (m) de sol	слънчев часовник (м)	[slɛ́ntʃev tʃasóvnik]
despertador (m)	будилник (м)	[budílnik]
relojoeiro (m)	часовникар (м)	[tʃasovnikár]
reparar (vt)	поправям	[poprávʲam]

Alimentação. Nutrição

35. Comida

carne (f)	месо (c)	[mesó]
galinha (f)	кокошка (ж)	[kokóʃka]
frango (m)	пиле (c)	[píle]
pato (m)	патица (ж)	[pátitsa]
ganso (m)	гъска (ж)	[géska]
caça (f)	дивеч (ж)	[dívetʃ]
peru (m)	пуйка (ж)	[pújka]
carne (f) de porco	свинско (c)	[svínsko]
carne (f) de vitela	телешко месо (c)	[téleʃko mesó]
carne (f) de carneiro	агнешко (c)	[ágneʃko]
carne (f) de vaca	говеждо (c)	[govéʒdo]
carne (f) de coelho	питомен заек (м)	[pítomen záek]
linguiça (f), salsichão (m)	салам (м)	[salám]
salsicha (f)	кренвирш (м)	[krénvirʃ]
bacon (m)	бекон (м)	[bekón]
presunto (m)	шунка (ж)	[ʃúnka]
pernil (m) de porco	бут (м)	[but]
patê (m)	пастет (м)	[pastét]
fígado (m)	черен дроб (м)	[tʃéren drop]
guisado (m)	кайма (ж)	[kajmá]
língua (f)	език (м)	[ezík]
ovo (m)	яйце (c)	[jajtsé]
ovos (m pl)	яйца (c мн)	[jajtsá]
clara (f) de ovo	белтък (м)	[belték]
gema (f) de ovo	жълтък (м)	[ʒəlték]
peixe (m)	риба (ж)	[ríba]
mariscos (m pl)	морски продукти (м мн)	[mórski prodúkti]
caviar (m)	хайвер (м)	[hajvér]
caranguejo (m)	морски рак (м)	[mórski rak]
camarão (m)	скарида (ж)	[skarída]
ostra (f)	стрида (ж)	[strída]
lagosta (f)	лангуста (ж)	[langústa]
polvo (m)	октопод (м)	[oktopót]
lula (f)	калмар (м)	[kalmár]
esturjão (m)	есетра (ж)	[esétra]
salmão (m)	сьомга (ж)	[sʲómga]
halibute (m)	палтус (м)	[páltus]
bacalhau (m)	треска (ж)	[tréska]
cavala, sarda (f)	скумрия (ж)	[skumríja]

atum (m)	риба тон (м)	[ríba ton]
enguia (f)	змиорка (ж)	[zmiórka]
truta (f)	пъстърва (ж)	[pəstérva]
sardinha (f)	сардина (ж)	[sardína]
lúcio (m)	щука (ж)	[ʃtúka]
arenque (m)	селда (ж)	[sélda]
pão (m)	хляб (м)	[hlʲap]
queijo (m)	кашкавал (м)	[kaʃkavál]
açúcar (m)	захар (ж)	[záhar]
sal (m)	сол (ж)	[sol]
arroz (m)	ориз (м)	[oríz]
massas (f pl)	макарони (мн)	[makaróni]
talharim, miojo (m)	юфка (ж)	[jufká]
manteiga (f)	краве масло (с)	[kráve masló]
óleo (m) vegetal	олио (с)	[ólio]
óleo (m) de girassol	слънчогледово масло (с)	[sləntʃoglédovo máslo]
margarina (f)	маргарин (м)	[margarín]
azeitonas (f pl)	маслини (ж мн)	[maslíni]
azeite (m)	зехтин (м)	[zehtín]
leite (m)	мляко (с)	[mlʲáko]
leite (m) condensado	сгъстено мляко (с)	[sgəsténo mlʲáko]
iogurte (m)	йогурт (м)	[jógurt]
creme (m) azedo	сметана (ж)	[smetána]
creme (m) de leite	каймак (м)	[kajmák]
maionese (f)	майонеза (ж)	[majonéza]
creme (m)	крем (м)	[krem]
grãos (m pl) de cereais	грис, булгур (м)	[gris], [bulgúr]
farinha (f)	брашно (с)	[braʃnó]
enlatados (m pl)	консерви (ж мн)	[konsérvi]
flocos (m pl) de milho	царевичен флейкс (м)	[tsárevitʃen flejks]
mel (m)	мед (м)	[met]
geleia (m)	конфитюр (м)	[konfitʲúr]
chiclete (m)	дъвка (ж)	[défka]

36. Bebidas

água (f)	вода (ж)	[vodá]
água (f) potável	питейна вода (ж)	[pitéjna vodá]
água (f) mineral	минерална вода (ж)	[minerálna vodá]
sem gás (adj)	негазирана	[negazíran]
gaseificada (adj)	газирана	[gazíran]
com gás	газирана	[gazíran]
gelo (m)	лед (м)	[let]
com gelo	с лед	[s let]

não alcoólico (adj)	безалкохолен	[bezalkohólen]
refrigerante (m)	безалкохолна напитка (ж)	[bezalkohólna napítka]
refresco (m)	разхладителна напитка (ж)	[rashladítelna napítka]
limonada (f)	лимонада (ж)	[limonáda]
bebidas (f pl) alcoólicas	спиртни напитки (ж мн)	[spírtni napítki]
vinho (m)	вино (с)	[víno]
vinho (m) branco	бяло вино (с)	[bʲálo víno]
vinho (m) tinto	червено вино (с)	[tʃervéno víno]
licor (m)	ликьор (м)	[likʲór]
champanhe (m)	шампанско (с)	[ʃampánsko]
vermute (m)	вермут (м)	[vermút]
uísque (m)	уиски (с)	[wíski]
vodca (f)	водка (ж)	[vótka]
gim (m)	джин (м)	[dʒin]
conhaque (m)	коняк (м)	[konʲák]
rum (m)	ром (м)	[rom]
café (m)	кафе (с)	[kafé]
café (m) preto	черно кафе (с)	[tʃérno kafé]
café (m) com leite	кафе (с) с мляко	[kafé s mlʲáko]
cappuccino (m)	кафе (с) със сметана	[kafé səs smetána]
café (m) solúvel	разтворимо кафе (с)	[rastvorímo kafé]
leite (m)	мляко (с)	[mlʲáko]
coquetel (m)	коктейл (м)	[koktéjl]
batida (f), milkshake (m)	млечен коктейл (м)	[mlétʃen koktéjl]
suco (m)	сок (м)	[sok]
suco (m) de tomate	доматен сок (м)	[domáten sok]
suco (m) de laranja	портокалов сок (м)	[portokálov sok]
suco (m) fresco	фреш (м)	[freʃ]
cerveja (f)	бира (ж)	[bíra]
cerveja (f) clara	светла бира (ж)	[svétla bíra]
cerveja (f) preta	тъмна бира (ж)	[témna bíra]
chá (m)	чай (м)	[tʃaj]
chá (m) preto	черен чай (м)	[tʃéren tʃaj]
chá (m) verde	зелен чай (м)	[zelén tʃaj]

37. Vegetais

vegetais (m pl)	зеленчуци (м мн)	[zelentʃútsi]
verdura (f)	зарзават (м)	[zarzavát]
tomate (m)	домат (м)	[domát]
pepino (m)	краставица (ж)	[krástavitsa]
cenoura (f)	морков (м)	[mórkof]
batata (f)	картофи (мн)	[kartófi]
cebola (f)	лук (м)	[luk]
alho (m)	чесън (м)	[tʃésən]

couve (f)	зеле (с)	[zéle]
couve-flor (f)	карфиол (м)	[karfiól]
couve-de-bruxelas (f)	брюкселско зеле (с)	[briúkselsko zéle]
brócolis (m pl)	броколи (с)	[brókoli]

beterraba (f)	цвекло (с)	[tsvekló]
berinjela (f)	патладжан (м)	[patladʒán]
abobrinha (f)	тиквичка (ж)	[tíkvitʃka]
abóbora (f)	тиква (ж)	[tíkva]
nabo (m)	ряпа (ж)	[riápa]

salsa (f)	магданоз (м)	[magdanóz]
endro, aneto (m)	копър (м)	[kópər]
alface (f)	салата (ж)	[saláta]
aipo (m)	целина (ж)	[tsélina]
aspargo (m)	asпержа (ж)	[aspérʒa]
espinafre (m)	спанак (м)	[spanák]

ervilha (f)	грах (м)	[grah]
feijão (~ soja, etc.)	боб (м)	[bop]
milho (m)	царевица (ж)	[tsárevitsa]
feijão (m) roxo	фасул (м)	[fasúl]

pimentão (m)	пипер (м)	[pipér]
rabanete (m)	репичка (ж)	[répitʃka]
alcachofra (f)	ангинар (м)	[anginár]

38. Frutos. Nozes

fruta (f)	плод (м)	[plot]
maçã (f)	ябълка (ж)	[jábəlka]
pera (f)	круша (ж)	[krúʃa]
limão (m)	лимон (м)	[limón]
laranja (f)	портокал (м)	[portokál]
morango (m)	ягода (ж)	[jágoda]

tangerina (f)	мандарина (ж)	[mandarína]
ameixa (f)	слива (ж)	[slíva]
pêssego (m)	праскова (ж)	[práskova]
damasco (m)	кайсия (ж)	[kajsíja]
framboesa (f)	малина (ж)	[malína]
abacaxi (m)	ананас (м)	[ananás]

banana (f)	банан (м)	[banán]
melancia (f)	диня (ж)	[dínia]
uva (f)	грозде (с)	[grózde]
ginja (f)	вишна (ж)	[víʃna]
cereja (f)	череша (ж)	[tʃeréʃa]
melão (m)	пъпеш (м)	[pəpeʃ]

toranja (f)	грейпфрут (м)	[gréjpfrut]
abacate (m)	авокадо (с)	[avokádo]
mamão (m)	папая (ж)	[papája]
manga (f)	манго (с)	[mángo]

romã (f)	нар (м)	[nar]
groselha (f) vermelha	червено френско грозде (с)	[tʃervéno frénsko grózde]
groselha (f) negra	черно френско грозде (с)	[tʃérno frénsko grózde]
groselha (f) espinhosa	цариградско грозде (с)	[tsarigrátsko grózde]
mirtilo (m)	боровинки (ж мн)	[borovínki]
amora (f) silvestre	къпина (ж)	[kəpína]
passa (f)	стафиди (ж мн)	[stafídi]
figo (m)	смокиня (ж)	[smokínʲa]
tâmara (f)	фурма (ж)	[furmá]
amendoim (m)	фъстък (м)	[fəsték]
amêndoa (f)	бадем (м)	[badém]
noz (f)	орех (м)	[óreh]
avelã (f)	лешник (м)	[léʃnik]
coco (m)	кокосов орех (м)	[kokósov óreh]
pistaches (m pl)	шамфъстъци (м мн)	[ʃamfəstétsi]

39. Pão. Bolaria

pastelaria (f)	сладкарски изделия (с мн)	[slatkárski izdélija]
pão (m)	хляб (м)	[hlʲap]
biscoito (m), bolacha (f)	бисквити (ж мн)	[biskvíti]
chocolate (m)	шоколад (м)	[ʃokolát]
de chocolate	шоколадов	[ʃokoládov]
bala (f)	бонбон (м)	[bonbón]
doce (bolo pequeno)	паста (ж)	[pásta]
bolo (m) de aniversário	торта (ж)	[tórta]
torta (f)	пирог (м)	[pirók]
recheio (m)	плънка (ж)	[plénka]
geleia (m)	сладко (с)	[slátko]
marmelada (f)	мармалад (м)	[marmalát]
wafers (m pl)	вафли (ж мн)	[váfli]
sorvete (m)	сладолед (м)	[sladolét]

40. Pratos cozinhados

prato (m)	ястие (с)	[jástie]
cozinha (~ portuguesa)	кухня (ж)	[kúhnʲa]
receita (f)	рецепта (ж)	[retsépta]
porção (f)	порция (ж)	[pórtsija]
salada (f)	салата (ж)	[saláta]
sopa (f)	супа (ж)	[súpa]
caldo (m)	бульон (м)	[buljón]
sanduíche (m)	сандвич (м)	[sándvitʃ]
ovos (m pl) fritos	пържени яйца (с мн)	[pérʒeni jajtsá]

| hambúrguer (m) | хамбургер (м) | [hámburger] |
| bife (m) | бифтек (м) | [bifték] |

acompanhamento (m)	гарнитура (ж)	[garnitúra]
espaguete (m)	спагети (мн)	[spagéti]
purê (m) de batata	картофено пюре (с)	[kartófeno pʲuré]
pizza (f)	пица (ж)	[pítsa]
mingau (m)	каша (ж)	[káʃa]
omelete (f)	омлет (м)	[omlét]

fervido (adj)	варен	[varén]
defumado (adj)	пушен	[púʃen]
frito (adj)	пържен	[pérʒen]
seco (adj)	сушен	[suʃén]
congelado (adj)	замразен	[zamrazén]
em conserva (adj)	маринован	[marinóvan]

doce (adj)	сладък	[sládək]
salgado (adj)	солен	[solén]
frio (adj)	студен	[studén]
quente (adj)	горещ	[goréʃt]
amargo (adj)	горчив	[gortʃív]
gostoso (adj)	вкусен	[fkúsen]

cozinhar em água fervente	готвя	[gótvʲa]
preparar (vt)	готвя	[gótvʲa]
fritar (vt)	пържа	[pérʒa]
aquecer (vt)	затоплям	[zatóplʲam]

salgar (vt)	соля	[solʲá]
apimentar (vt)	слагам пипер	[slágam pipér]
ralar (vt)	стъргам	[stérgam]
casca (f)	кожа (ж)	[kóʒa]
descascar (vt)	беля	[bélʲa]

41. Especiarias

sal (m)	сол (ж)	[sol]
salgado (adj)	солен	[solén]
salgar (vt)	соля	[solʲá]

pimenta-do-reino (f)	черен пипер (м)	[tʃéren pipér]
pimenta (f) vermelha	червен пипер (м)	[tʃervén pipér]
mostarda (f)	горчица (ж)	[gortʃítsa]
raiz-forte (f)	хрян (м)	[hrʲan]

condimento (m)	подправка (ж)	[podpráfka]
especiaria (f)	подправка (ж)	[podpráfka]
molho (~ inglês)	сос (м)	[sos]
vinagre (m)	оцет (м)	[otsét]

anis estrelado (m)	анасон (м)	[anasón]
manjericão (m)	босилек (м)	[bosílek]
cravo (m)	карамфил (м)	[karamfíl]

gengibre (m)	джинджифил (м)	[dʒindʒifíl]
coentro (m)	кориандър (м)	[koriándər]
canela (f)	канела (ж)	[kanéla]

gergelim (m)	сусам (м)	[susám]
folha (f) de louro	дафинов лист (м)	[dafínov list]
páprica (f)	червен пипер (м)	[tʃervén pipér]
cominho (m)	черен тмин (м)	[tʃéren tmin]
açafrão (m)	шафран (м)	[ʃafrán]

42. Refeições

comida (f)	храна (ж)	[hraná]
comer (vt)	ям	[jam]

café (m) da manhã	закуска (ж)	[zakúska]
tomar café da manhã	закусвам	[zakúsvam]
almoço (m)	обяд (м)	[obʲát]
almoçar (vi)	обядвам	[obʲádvam]

jantar (m)	вечеря (ж)	[vetʃérʲa]
jantar (vi)	вечерям	[vetʃérʲam]

apetite (m)	апетит (м)	[apetít]
Bom apetite!	Добър апетит!	[dobér apetít]

abrir (~ uma lata, etc.)	отварям	[otvárʲam]
derramar (~ líquido)	излея	[izléja]
derramar-se (vr)	излея се	[izléja se]

ferver (vi)	вря	[vrʲa]
ferver (vt)	варя до кипване	[varʲá do kípvane]
fervido (adj)	преварен	[prevarén]

esfriar (vt)	охладя	[ohladʲá]
esfriar-se (vr)	изстудявам се	[isstudʲávam se]

sabor, gosto (m)	вкус (м)	[fkus]
fim (m) de boca	привкус (м)	[prífkus]

emagrecer (vi)	отслабвам	[otslábvam]
dieta (f)	диета (ж)	[diéta]
vitamina (f)	витамин (м)	[vitamín]
caloria (f)	калория (ж)	[kalórija]

vegetariano (m)	вегетарианец (м)	[vegetariánets]
vegetariano (adj)	вегетариански	[vegetariánski]

gorduras (f pl)	мазнини (ж мн)	[mazniní]
proteínas (f pl)	белтъчини (ж мн)	[beltətʃiní]
carboidratos (m pl)	въглехидрати (м мн)	[vəglehidráti]
fatia (~ de limão, etc.)	резенче (с)	[rézentʃe]
pedaço (~ de bolo)	парче (с)	[partʃé]
migalha (f), farelo (m)	троха (ж)	[trohá]

43. Por a mesa

colher (f)	лъжица (ж)	[ləʒítsa]
faca (f)	нож (м)	[noʒ]
garfo (m)	вилица (ж)	[vílitsa]
xícara (f)	чаша (ж)	[ʧáʃa]
prato (m)	чиния (ж)	[ʧiníja]
pires (m)	чинийка (ж)	[ʧiníjka]
guardanapo (m)	салфетка (ж)	[salfétka]
palito (m)	клечка (ж) за зъби	[klétʃka za zébi]

44. Restaurante

restaurante (m)	ресторант (м)	[restoránt]
cafeteria (f)	кафене (с)	[kafené]
bar (m), cervejaria (f)	бар (м)	[bar]
salão (m) de chá	чаен салон (м)	[ʧáen salón]
garçom (m)	сервитьор (м)	[servitʲór]
garçonete (f)	сервитьорка (ж)	[servitʲórka]
barman (m)	барман (м)	[bárman]
cardápio (m)	меню (с)	[menʲú]
lista (f) de vinhos	карта (ж) на виното	[kárta na vínoto]
reservar uma mesa	резервирам масичка	[rezervíram másiʧka]
prato (m)	ядене (с)	[jádene]
pedir (vt)	поръчам	[porétʃam]
fazer o pedido	правя поръчка	[právʲa porétʃka]
aperitivo (m)	аперитив (м)	[aperitív]
entrada (f)	мезе (с)	[mezé]
sobremesa (f)	десерт (м)	[desért]
conta (f)	сметка (ж)	[smétka]
pagar a conta	плащам сметка	[pláʃtam smétka]
dar o troco	връщам ресто	[vréʃtam résto]
gorjeta (f)	бакшиш (м)	[bakʃíʃ]

Família, parentes e amigos

45. Informação pessoal. Formulários

nome (m)	име (c)	[íme]
sobrenome (m)	фамилия (ж)	[famílija]
data (f) de nascimento	дата (ж) на раждане	[dáta na ráʒdane]
local (m) de nascimento	място (c) на раждане	[mʲásto na ráʒdane]
nacionalidade (f)	националност (ж)	[natsionálnost]
lugar (m) de residência	местожителство (c)	[mestoʒítelstvo]
país (m)	страна (ж)	[straná]
profissão (f)	професия (ж)	[profésija]
sexo (m)	пол (м)	[pol]
estatura (f)	ръст (м)	[rəst]
peso (m)	тегло (c)	[tegló]

46. Membros da família. Parentes

mãe (f)	майка (ж)	[májka]
pai (m)	баща (м)	[baʃtá]
filho (m)	син (м)	[sin]
filha (f)	дъщеря (ж)	[dəʃterʲá]
caçula (f)	по-малка дъщеря (ж)	[po-málka dəʃterʲá]
caçula (m)	по-малък син (м)	[po-málək sin]
filha (f) mais velha	по-голяма дъщеря (ж)	[po-golʲáma dəʃterʲá]
filho (m) mais velho	по-голям син (м)	[po-golʲám sin]
irmão (m)	брат (м)	[brat]
irmã (f)	сестра (ж)	[sestrá]
primo (m)	братовчед (м)	[bratovtʃét]
prima (f)	братовчедка (ж)	[bratovtʃétka]
mamãe (f)	мама (ж)	[máma]
papai (m)	татко (м)	[tátko]
pais (pl)	родители (м мн)	[rodíteli]
criança (f)	дете (c)	[deté]
crianças (f pl)	деца (c мн)	[detsá]
avó (f)	баба (ж)	[bába]
avô (m)	дядо (м)	[dʲádo]
neto (m)	внук (м)	[vnuk]
neta (f)	внучка (ж)	[vnútʃka]
netos (pl)	внуци (м мн)	[vnútsi]
tio (m)	вуйчо (м)	[vújtʃo]
tia (f)	леля (ж)	[lélʲa]

sobrinho (m)	племенник (м)	[plémennik]
sobrinha (f)	племенница (ж)	[plémennitsa]
sogra (f)	тъща (ж)	[tóʃta]
sogro (m)	свекър (м)	[svékər]
genro (m)	зет (м)	[zet]
madrasta (f)	мащеха (ж)	[máʃteha]
padrasto (m)	пастрок (м)	[pástrok]
criança (f) de colo	кърмаче (c)	[kərmátʃe]
bebê (m)	бебе (c)	[bébe]
menino (m)	момченце (c)	[momtʃéntse]
mulher (f)	жена (ж)	[ʒená]
marido (m)	мъж (м)	[məʒ]
esposo (m)	съпруг (м)	[səprúk]
esposa (f)	съпруга (ж)	[səprúga]
casado (adj)	женен	[ʒénen]
casada (adj)	омъжена	[omáʒena]
solteiro (adj)	неженен	[neʒénen]
solteirão (m)	ерген (м)	[ergén]
divorciado (adj)	разведен	[razvéden]
viúva (f)	вдовица (ж)	[vdovítsa]
viúvo (m)	вдовец (м)	[vdovéts]
parente (m)	роднина (м, ж)	[rodnína]
parente (m) próximo	близък роднина (м)	[blízək rodnína]
parente (m) distante	далечен роднина (м)	[dalétʃen rodnína]
parentes (m pl)	роднини (мн)	[rodníni]
órfão (m), órfã (f)	сирак (м)	[sirák]
tutor (m)	опекун (м)	[opekún]
adotar (um filho)	осиновявам	[osinovʲávam]
adotar (uma filha)	осиновявам момиче	[osinovʲávam momítʃe]

Medicina

47. Doenças

doença (f)	болест (ж)	[bólest]
estar doente	боледувам	[boledúvam]
saúde (f)	здраве (с)	[zdráve]
nariz (m) escorrendo	хрема (ж)	[hréma]
amigdalite (f)	ангина (ж)	[angína]
resfriado (m)	настинка (ж)	[nastínka]
ficar resfriado	настина	[nastína]
bronquite (f)	бронхит (м)	[bronhít]
pneumonia (f)	пневмония (ж)	[pnevmoníja]
gripe (f)	грип (м)	[grip]
míope (adj)	късоглед	[kəsoglét]
presbita (adj)	далекоглед	[dalekoglét]
estrabismo (m)	кривогледство (с)	[krivoglétstvo]
estrábico, vesgo (adj)	кривоглед	[krivoglét]
catarata (f)	катаракта (ж)	[katarákta]
glaucoma (m)	глаукома (ж)	[glaukóma]
AVC (m), apoplexia (f)	инсулт (м)	[insúlt]
ataque (m) cardíaco	инфаркт (м)	[infárkt]
enfarte (m) do miocárdio	инфаркт (м) на миокарда	[infárkt na miokárda]
paralisia (f)	парализа (ж)	[paráliza]
paralisar (vt)	парализирам	[paralizíram]
alergia (f)	алергия (ж)	[alérgija]
asma (f)	астма (ж)	[ástma]
diabetes (f)	диабет (м)	[diabét]
dor (f) de dente	зъбобол (м)	[zəboból]
cárie (f)	кариес (м)	[káries]
diarreia (f)	диария (ж)	[diárija]
prisão (f) de ventre	запек (м)	[zápek]
desarranjo (m) intestinal	разстройство (с) на стомаха	[rastrójstvo na stomáha]
intoxicação (f) alimentar	отравяне (с)	[otráv'ane]
intoxicar-se	отровя се	[otróv'a se]
artrite (f)	артрит (м)	[artrít]
raquitismo (m)	рахит (м)	[rahít]
reumatismo (m)	ревматизъм (м)	[revmatízəm]
arteriosclerose (f)	атеросклероза (ж)	[ateroskleróza]
gastrite (f)	гастрит (м)	[gastrít]
apendicite (f)	апандисит (м)	[apandisít]

| colecistite (f) | холецистит (м) | [holetsistít] |
| úlcera (f) | язва (ж) | [jázva] |

sarampo (m)	дребна шарка (ж)	[drébna ʃárka]
rubéola (f)	шарка (ж)	[ʃárka]
icterícia (f)	жълтеница (ж)	[ʒəltenítsa]
hepatite (f)	хепатит (м)	[hepatít]

esquizofrenia (f)	шизофрения (ж)	[ʃizofreníja]
raiva (f)	бяс (м)	[bʲas]
neurose (f)	невроза (ж)	[nevróza]
contusão (f) cerebral	сътресение (с) на мозъка	[sətresénie na mózəka]

câncer (m)	рак (м)	[rak]
esclerose (f)	склероза (ж)	[skleróza]
esclerose (f) múltipla	множествена склероза (ж)	[mnóʒestvena skleróza]

alcoolismo (m)	алкохолизъм (м)	[alkoholízəm]
alcoólico (m)	алкохолик (м)	[alkoholík]
sífilis (f)	сифилис (м)	[sífilis]
AIDS (f)	СПИН (м)	[spin]

tumor (m)	тумор (м)	[túmor]
maligno (adj)	злокачествен	[zlokátʃestven]
benigno (adj)	доброкачествен	[dobrokátʃestven]

febre (f)	треска (ж)	[tréska]
malária (f)	малария (ж)	[malárija]
gangrena (f)	гангрена (ж)	[gangréna]
enjoo (m)	морска болест (ж)	[mórska bólest]
epilepsia (f)	епилепсия (ж)	[epilépsija]

epidemia (f)	епидемия (ж)	[epidémija]
tifo (m)	тиф (м)	[tif]
tuberculose (f)	туберкулоза (ж)	[tuberkulóza]
cólera (f)	холера (ж)	[holéra]
peste (f) bubônica	чума (ж)	[tʃúma]

48. Sintomas. Tratamentos. Parte 1

sintoma (m)	симптом (м)	[simptóm]
temperatura (f)	температура (ж)	[temperatúra]
febre (f)	висока температура (ж)	[visóka temperatúra]
pulso (m)	пулс (м)	[puls]

vertigem (f)	световъртеж (м)	[svetovərtéʃ]
quente (testa, etc.)	горещ	[goréʃt]
calafrio (m)	тръпки (ж мн)	[trəpki]
pálido (adj)	бледен	[bléden]

tosse (f)	кашлица (ж)	[káʃlitsa]
tossir (vi)	кашлям	[káʃlʲam]
espirrar (vi)	кихам	[kíham]
desmaio (m)	припадък (м)	[pripádək]

desmaiar (vi)	припадна	[pripádna]
mancha (f) preta	синина (ж)	[sininá]
galo (m)	подутина (ж)	[podutiná]
machucar-se (vr)	ударя се	[udárʲa se]
contusão (f)	натъртване (с)	[natértvane]
machucar-se (vr)	ударя се	[udárʲa se]

mancar (vi)	куцам	[kútsam]
deslocamento (f)	изкълчване (с)	[iskéltʃvane]
deslocar (vt)	навехна	[navéhna]
fratura (f)	фрактура (ж)	[fraktúra]
fraturar (vt)	счупя	[stʃúpʲa]

corte (m)	порязване (с)	[porʲázvane]
cortar-se (vr)	порежа се	[poréʒa se]
hemorragia (f)	кръвотечение (с)	[krəvotetʃénie]

queimadura (f)	изгаряне (с)	[izgárʲane]
queimar-se (vr)	опаря се	[opárʲa se]

picar (vt)	бодна	[bódna]
picar-se (vr)	убода се	[ubodá se]
lesionar (vt)	нараня	[naranʲá]
lesão (m)	рана (ж)	[rána]
ferida (f), ferimento (m)	рана (ж)	[rána]
trauma (m)	травма (ж)	[trávma]

delirar (vi)	бълнувам	[bəlnúvam]
gaguejar (vi)	заеквам	[zaékvam]
insolação (f)	слънчев удар (м)	[sléntʃev údar]

49. Sintomas. Tratamentos. Parte 2

dor (f)	болка (ж)	[bólka]
farpa (no dedo, etc.)	трънче (с)	[tréntʃe]

suor (m)	пот (ж)	[pot]
suar (vi)	потя се	[potʲá se]
vômito (m)	повръщане (с)	[povréʃtane]
convulsões (f pl)	гърчове (м мн)	[gértʃove]

grávida (adj)	бременна	[brémenna]
nascer (vi)	родя се	[rodʲá se]
parto (m)	раждане (с)	[ráʒdane]
dar à luz	раждам	[ráʒdam]
aborto (m)	аборт (м)	[abórt]

respiração (f)	дишане (с)	[díʃane]
inspiração (f)	вдишване (с)	[vdíʃvane]
expiração (f)	издишване (с)	[izdíʃvane]
expirar (vi)	издишам	[izdíʃam]
inspirar (vi)	направя вдишване	[naprávʲa vdíʃvane]
inválido (m)	инвалид (м)	[invalít]
aleijado (m)	сакат човек (м)	[sakát tʃovék]

drogado (m)	наркоман (м)	[narkomán]
surdo (adj)	глух	[gluh]
mudo (adj)	ням	[nʲam]
surdo-mudo (adj)	глухоням	[gluhonʲám]

louco, insano (adj)	луд	[lut]
louco (m)	луд (м)	[lut]
louca (f)	луда (ж)	[lúda]
ficar louco	полудея	[poludéja]

gene (m)	ген (м)	[gen]
imunidade (f)	имунитет (м)	[imunitét]
hereditário (adj)	наследствен	[naslétstven]
congênito (adj)	вроден	[vrodén]

vírus (m)	вирус (м)	[vírus]
micróbio (m)	микроб (м)	[mikróp]
bactéria (f)	бактерия (ж)	[baktérija]
infecção (f)	инфекция (ж)	[inféktsija]

50. Sintomas. Tratamentos. Parte 3

| hospital (m) | болница (ж) | [bólnitsa] |
| paciente (m) | пациент (м) | [patsiént] |

diagnóstico (m)	диагноза (ж)	[diagnóza]
cura (f)	лекуване (с)	[lekúvane]
tratamento (m) médico	лекуване (с)	[lekúvane]
curar-se (vr)	лекувам се	[lekúvam se]
tratar (vt)	лекувам	[lekúvam]
cuidar (pessoa)	грижа се	[gríʒa se]
cuidado (m)	грижа (ж)	[gríʒa]

operação (f)	операция (ж)	[operátsija]
enfaixar (vt)	превържа	[prevérʒa]
enfaixamento (m)	превързване (с)	[prevérzvane]

vacinação (f)	ваксиниране (с)	[vaksinírane]
vacinar (vt)	ваксинирам	[vaksiníram]
injeção (f)	инжекция (ж)	[inʒéktsija]
dar uma injeção	инжектирам	[inʒektíram]

ataque (~ de asma, etc.)	пристъп, припáдък (м)	[prístəp], [pripadək]
amputação (f)	ампутация (ж)	[amputátsija]
amputar (vt)	ампутирам	[amputíram]
coma (f)	кома (ж)	[kóma]
estar em coma	намирам се в кома	[namíram se v kóma]
reanimação (f)	реанимация (ж)	[reanimátsija]

recuperar-se (vr)	оздравявам	[ozdravʲávam]
estado (~ de saúde)	състояние (с)	[səstojánie]
consciência (perder a ~)	съзнание (с)	[səznánie]
memória (f)	памет (ж)	[pámet]
tirar (vt)	вадя	[vádʲa]

obturação (f)	пломба (ж)	[plómba]
obturar (vt)	пломбирам	[plombíram]
hipnose (f)	хипноза (ж)	[hipnóza]
hipnotizar (vt)	хипнотизирам	[hipnotizíram]

51. Médicos

médico (m)	лекар (м)	[lékar]
enfermeira (f)	медицинска сестра (ж)	[meditsínska sestrá]
médico (m) pessoal	личен лекар (м)	[lítʃen lékar]
dentista (m)	зъболекар (м)	[zəbolékar]
oculista (m)	очен лекар (м)	[ótʃen lékar]
terapeuta (m)	терапевт (м)	[terapéft]
cirurgião (m)	хирург (м)	[hirúrk]
psiquiatra (m)	психиатър (м)	[psihiátər]
pediatra (m)	педиатър (м)	[pediátər]
psicólogo (m)	психолог (м)	[psiholók]
ginecologista (m)	гинеколог (м)	[ginekolók]
cardiologista (m)	кардиолог (м)	[kardiolók]

52. Medicina. Drogas. Acessórios

medicamento (m)	лекарство (с)	[lekárstvo]
remédio (m)	средство (с)	[srétstvo]
receitar (vt)	предпиша	[pretpíʃa]
receita (f)	рецепта (ж)	[retsépta]
comprimido (m)	таблетка (ж)	[tablétka]
unguento (m)	мехлем (м)	[mehlém]
ampola (f)	ампула (ж)	[ampúla]
solução, preparado (m)	микстура (ж)	[mikstúra]
xarope (m)	сироп (м)	[siróp]
cápsula (f)	хапче (с)	[háptʃe]
pó (m)	прах (м)	[prah]
atadura (f)	бинт (м)	[bint]
algodão (m)	памук (м)	[pamúk]
iodo (m)	йод (м)	[jot]
curativo (m) adesivo	пластир (м)	[plastír]
conta-gotas (m)	капкомер (м)	[kapkomér]
termômetro (m)	термометър (м)	[termométər]
seringa (f)	спринцовка (ж)	[sprintsófka]
cadeira (f) de rodas	инвалидна количка (ж)	[invalídna kolítʃka]
muletas (f pl)	патерици (ж мн)	[páteritsi]
analgésico (m)	обезболяващо средство (с)	[obezbolʲávaʃto srétstvo]

laxante (m)	**очистително** (c)	[otʃistítelno]
álcool (m)	**спирт** (м)	[spirt]
ervas (f pl) medicinais	**билка** (ж)	[bílka]
de ervas (chá ~)	**билков**	[bílkov]

HABITAT HUMANO

Cidade

53. Cidade. Vida na cidade

cidade (f)	град (м)	[grat]
capital (f)	столица (ж)	[stólitsa]
aldeia (f)	село (с)	[sélo]
mapa (m) da cidade	план (м) на града	[plan na gradá]
centro (m) da cidade	център (м) на града	[tséntər na gradá]
subúrbio (m)	предградие (с)	[predgrádie]
suburbano (adj)	крайградски	[krajgrátski]
periferia (f)	покрайнина (ж)	[pokrajniná]
arredores (m pl)	околности (мн)	[okólnosti]
quarteirão (m)	квартал (м)	[kvartál]
quarteirão (m) residencial	жилищен квартал (м)	[ʒíliʃten kvartál]
tráfego (m)	движение (с)	[dviʒénie]
semáforo (m)	светофар (м)	[svetofár]
transporte (m) público	градски транспорт (м)	[grátski transpórt]
cruzamento (m)	кръстовище (с)	[krəstóviʃte]
faixa (f)	зебра (ж)	[zébra]
túnel (m) subterrâneo	подлез (м)	[pódlez]
cruzar, atravessar (vt)	пресичам	[presítʃam]
pedestre (m)	пешеходец (м)	[peʃehódets]
calçada (f)	тротоар (м)	[trotoár]
ponte (f)	мост (м)	[most]
margem (f) do rio	кей (м)	[kej]
fonte (f)	фонтан (м)	[fontán]
alameda (f)	алея (ж)	[aléja]
parque (m)	парк (м)	[park]
bulevar (m)	булевард (м)	[bulevárt]
praça (f)	площад (м)	[ploʃtát]
avenida (f)	авеню (с)	[avenʲú]
rua (f)	улица (ж)	[úlitsa]
travessa (f)	пресечка (ж)	[presétʃka]
beco (m) sem saída	задънена улица (ж)	[zadénena úlitsa]
casa (f)	къща (ж)	[kéʃta]
edifício, prédio (m)	сграда (ж)	[zgráda]
arranha-céu (m)	небостъргач (м)	[nebostərgátʃ]
fachada (f)	фасада (ж)	[fasáda]
telhado (m)	покрив (м)	[pókriv]

janela (f)	прозорец (м)	[prozórets]
arco (m)	арка (ж)	[árka]
coluna (f)	колона (ж)	[kolóna]
esquina (f)	ъгъл (м)	[éɡəl]

vitrine (f)	витрина (ж)	[vitrína]
letreiro (m)	табела (ж)	[tabéla]
cartaz (do filme, etc.)	афиш (м)	[afíʃ]
cartaz (m) publicitário	постер (м)	[póster]
painel (m) publicitário	билборд (м)	[bilbórt]

lixo (m)	боклук (м)	[boklúk]
lata (f) de lixo	кошче (с)	[kóʃtʃe]
jogar lixo na rua	правя боклук	[právʲa boklúk]
aterro (m) sanitário	сметище (с)	[smétiʃte]

orelhão (m)	телефонна будка (ж)	[telefónna bútka]
poste (m) de luz	стълб (м) с фенер	[stəlp s fenér]
banco (m)	пейка (ж)	[péjka]

polícia (f)	полицай (м)	[politsáj]
polícia (instituição)	полиция (ж)	[polítsija]
mendigo, pedinte (m)	сиромах (м)	[siromáh]
desabrigado (m)	бездомник (м)	[bezdómnik]

54. Instituições urbanas

loja (f)	магазин (м)	[magazín]
drogaria (f)	аптека (ж)	[aptéka]
ótica (f)	оптика (ж)	[óptika]
centro (m) comercial	търговски център (м)	[tərɡófski tséntər]
supermercado (m)	супермаркет (м)	[supermárket]

padaria (f)	хлебарница (ж)	[hlebárnitsa]
padeiro (m)	фурнаджия (ж)	[furnadʒíja]
pastelaria (f)	сладкарница (ж)	[slatkárnitsa]
mercearia (f)	бакалия (ж)	[bakalíja]
açougue (m)	месарница (ж)	[mesárnitsa]

fruteira (f)	магазин (м) за плодове и зеленчуци	[magazín za plodové i zelentʃútsi]
mercado (m)	пазар (м)	[pazár]

cafeteria (f)	кафене (с)	[kafené]
restaurante (m)	ресторант (м)	[restoránt]
bar (m)	бирария (ж)	[birárija]
pizzaria (f)	пицария (ж)	[pitsaríja]

salão (m) de cabeleireiro	фризьорски салон (м)	[frizʲórski salón]
agência (f) dos correios	поща (ж)	[póʃta]
lavanderia (f)	химическо чистене (с)	[himítʃesko tʃístene]
estúdio (m) fotográfico	фотостудио (с)	[fotostúdio]
sapataria (f)	магазин (м) за обувки	[magazín za obúfki]
livraria (f)	книжарница (ж)	[kniʒárnitsa]

loja (f) de artigos esportivos	магазин (м) за спортни стоки	[magazín za spórtni stóki]
costureira (m)	поправка (ж) на дрехи	[popráfka na dréhi]
aluguel (m) de roupa	дрехи (ж мн) под наем	[dréhi pot náem]
videolocadora (f)	филми (м мн) под наем	[fílmi pot náem]

circo (m)	цирк (м)	[tsirk]
jardim (m) zoológico	зоологическа градина (ж)	[zoologítʃeska gradína]
cinema (m)	кино (с)	[kíno]
museu (m)	музей (м)	[muzéj]
biblioteca (f)	библиотека (ж)	[bibliotéka]

teatro (m)	театър (м)	[teátər]
ópera (f)	опера (ж)	[ópera]
boate (casa noturna)	нощен клуб (м)	[nóʃten klup]
cassino (m)	казино (с)	[kazíno]

mesquita (f)	джамия (ж)	[dʒamíja]
sinagoga (f)	синагога (ж)	[sinagóga]
catedral (f)	катедрала (ж)	[katedrála]
templo (m)	храм (м)	[hram]
igreja (f)	църква (ж)	[tsərkva]

faculdade (f)	институт (м)	[institút]
universidade (f)	университет (м)	[universitét]
escola (f)	училище (с)	[utʃíliʃte]

prefeitura (f)	префектура (ж)	[prefektúra]
câmara (f) municipal	кметство (с)	[kmétstvo]
hotel (m)	хотел (м)	[hotél]
banco (m)	банка (ж)	[bánka]

embaixada (f)	посолство (с)	[posólstvo]
agência (f) de viagens	туристическа агенция (ж)	[turistítʃeska agéntsija]
agência (f) de informações	справки (м мн)	[spráfki]
casa (f) de câmbio	обменно бюро (с)	[obménno bʲúro]

metrô (m)	метро (с)	[metró]
hospital (m)	болница (ж)	[bólnitsa]

posto (m) de gasolina	бензиностанция (ж)	[benzino·stántsija]
parque (m) de estacionamento	паркинг (м)	[párking]

55. Sinais

letreiro (m)	табела (ж)	[tabéla]
aviso (m)	надпис (м)	[nádpis]
cartaz, pôster (m)	постер (м)	[póster]
placa (f) de direção	указател (м)	[ukazátel]
seta (f)	стрелка (ж)	[strelká]

aviso (advertência)	предпазване (с)	[predpázvane]
sinal (m) de aviso	предупреждение (с)	[predupreʒdénie]
avisar, advertir (vt)	предупредя	[predupredʲá]

dia (m) de folga	почивен ден (м)	[potʃíven dén]
horário (~ dos trens, etc.)	разписание (c)	[raspisánie]
horário (m)	работно време (c)	[rabótno vréme]

BEM-VINDOS!	ДОБРЕ ДОШЛИ!	[dobré doʃlí]
ENTRADA	ВХОД	[vhot]
SAÍDA	ИЗХОД	[íshot]

EMPURRE	БУТНИ	[butní]
PUXE	ДРЪПНИ	[drəpní]
ABERTO	ОТВОРЕНО	[otvóreno]
FECHADO	ЗАТВОРЕНО	[zatvóreno]

| MULHER | ЖЕНИ | [ʒení] |
| HOMEM | МЪЖЕ | [məʒé] |

DESCONTOS	НАМАЛЕНИЕ	[namalénie]
SALDOS, PROMOÇÃO	РАЗПРОДАЖБА	[rasprodáʒba]
NOVIDADE!	НОВА СТОКА	[nóva stóka]
GRÁTIS	БЕЗПЛАТНО	[besplátno]

ATENÇÃO!	ВНИМАНИЕ!	[vnimánie]
NÃO HÁ VAGAS	НЯМА СВОБОДНИ МЕСТА	[nʲáma svobódni mestá]
RESERVADO	РЕЗЕРВИРАНО	[rezervírano]

ADMINISTRAÇÃO	АДМИНИСТРАЦИЯ	[administrátsija]
SOMENTE PESSOAL	ЗАБРАНЕНО	[zabráneno
AUTORIZADO	ЗА ВЪНШНИ ЛИЦА	za venʃni lítsa]

CUIDADO CÃO FEROZ	ЗЛО КУЧЕ	[zlo kútʃe]
PROIBIDO FUMAR!	ПУШЕНЕТО ЗАБРАНЕНО!	[puʃenéto zabráneno]
NÃO TOCAR	НЕ ПИПАЙ!	[ne pípaj]

PERIGOSO	ОПАСНО	[opásno]
PERIGO	ОПАСНОСТ	[opásnost]
ALTA TENSÃO	ВИСОКО НАПРЕЖЕНИЕ	[visóko napreʒénie]
PROIBIDO NADAR	КЪПАНЕТО ЗАБРАНЕНО	[kəpaneto zabranéno]
COM DEFEITO	НЕ РАБОТИ	[ne rabóti]

INFLAMÁVEL	ОГНЕОПАСНО	[ogneopásno]
PROIBIDO	ЗАБРАНЕНО	[zabranéno]
ENTRADA PROIBIDA	МИНАВАНЕТО ЗАБРАНЕНО	[minávaneto zabranéno]
CUIDADO TINTA FRESCA	ПАЗИ СЕ ОТ БОЯТА	[pazi se ot bojáta]

56. Transportes urbanos

ônibus (m)	автобус (м)	[aftobús]
bonde (m) elétrico	трамвай (м)	[tramváj]
trólebus (m)	тролей (м)	[troléj]
rota (f), itinerário (m)	маршрут (м)	[marʃrút]
número (m)	номер (м)	[nómer]
ir de ... (carro, etc.)	пътувам с ...	[pətúvam s]
entrar no ...	качвам се в ...	[kátʃvam se v]

descer do ...	сляза от ...	[slʲáza ot]
parada (f)	спирка (ж)	[spírka]
próxima parada (f)	следваща спирка (ж)	[slédvaʃta spírka]
terminal (m)	последна спирка (ж)	[poslédna spírka]
horário (m)	разписание (c)	[raspisánie]
esperar (vt)	чакам	[tʃákam]
passagem (f)	билет (м)	[bilét]
tarifa (f)	цена (ж) на билета	[tsená na biléta]
bilheteiro (m)	касиер (м)	[kasiér]
controle (m) de passagens	контрола (ж)	[kontróla]
revisor (m)	контрольор (м)	[kontrolʲór]
atrasar-se (vr)	закъснявам	[zakəsnʲávam]
perder (o autocarro, etc.)	закъснея за ...	[zakəsnéja za]
estar com pressa	бързам	[bérzam]
táxi (m)	такси (c)	[taksí]
taxista (m)	таксиметров шофьор (м)	[taksimétrof ʃofʲór]
de táxi (ir ~)	с такси	[s taksí]
ponto (m) de táxis	пиаца (ж) на такси	[piátsa na taksí]
chamar um táxi	извикам такси	[izvíkam taksí]
pegar um táxi	взема такси	[vzéma taksí]
tráfego (m)	улично движение (c)	[úlitʃno dviʒénie]
engarrafamento (m)	задръстване (c)	[zadréstvane]
horas (f pl) de pico	час пик (м)	[tʃas pík]
estacionar (vi)	паркирам се	[parkíram se]
estacionar (vt)	паркирам	[párkiram]
parque (m) de estacionamento	паркинг (м)	[párking]
metrô (m)	метро (c)	[metró]
estação (f)	станция (ж)	[stántsija]
ir de metrô	пътувам с метро	[pətúvam s metró]
trem (m)	влак (м)	[vlak]
estação (f) de trem	гара (ж)	[gára]

57. Turismo

monumento (m)	паметник (м)	[pámetnik]
fortaleza (f)	крепост (ж)	[krépost]
palácio (m)	дворец (м)	[dvoréts]
castelo (m)	замък (м)	[zámək]
torre (f)	кула (ж)	[kúla]
mausoléu (m)	мавзолей (м)	[mavzoléj]
arquitetura (f)	архитектура (ж)	[arhitektúra]
medieval (adj)	средновековен	[srednovekóven]
antigo (adj)	старинен	[starínen]
nacional (adj)	националет	[natsionálen]
famoso, conhecido (adj)	известен	[izvésten]
turista (m)	турист (м)	[turíst]
guia (pessoa)	гид (м)	[git]

excursão (f)	екскурзия (ж)	[ekskúrzija]
mostrar (vt)	показвам	[pokázvam]
contar (vt)	разказвам	[raskázvam]

encontrar (vt)	намеря	[naméria]
perder-se (vr)	загубя се	[zagúbia se]
mapa (~ do metrô)	схема (ж)	[shéma]
mapa (~ da cidade)	план (м)	[plan]

lembrança (f), presente (m)	сувенир (м)	[suvenír]
loja (f) de presentes	сувенирен магазин (м)	[suveníren magazín]
tirar fotos, fotografar	снимам	[snímam]
fotografar-se (vr)	снимам се	[snímam se]

58. Compras

comprar (vt)	купувам	[kupúvam]
compra (f)	покупка (ж)	[pokúpka]
fazer compras	пазарувам	[pazarúvam]
compras (f pl)	пазаруване (с)	[pazarúvane]

| estar aberta (loja) | работя | [rabótia] |
| estar fechada | затваря се | [zatvária se] |

calçado (m)	обувки (ж мн)	[obúfki]
roupa (f)	облекло (с)	[obleklό]
cosméticos (m pl)	козметика (ж)	[kozmétika]
alimentos (m pl)	продукти (м мн)	[prodúkti]
presente (m)	подарък (м)	[podárək]

| vendedor (m) | продавач (м) | [prodavátʃ] |
| vendedora (f) | продавачка (ж) | [prodavátʃka] |

caixa (f)	каса (ж)	[kása]
espelho (m)	огледало (с)	[ogledálo]
balcão (m)	щанд (м)	[ʃtant]
provador (m)	пробна (ж)	[próbna]

provar (vt)	пробвам	[próbvam]
servir (roupa, caber)	подхождам	[podhόʒdam]
gostar (apreciar)	харесвам	[harésvam]

preço (m)	цена (ж)	[tsená]
etiqueta (f) de preço	етикет (м)	[etikét]
custar (vt)	струвам	[strúvam]
Quanto?	Колко?	[kόlko]
desconto (m)	намаление (с)	[namalénie]

não caro (adj)	нескъп	[neskέp]
barato (adj)	евтин	[éftin]
caro (adj)	скъп	[skəp]
É caro	Това е скъпо	[tová e skέpo]
aluguel (m)	под наем (м)	[pot náem]
alugar (roupas, etc.)	взимам под наем	[vzímam pot náem]

57

| crédito (m) | кредит (м) | [krédit] |
| a crédito | на кредит | [na krédit] |

59. Dinheiro

dinheiro (m)	пари (мн)	[parí]
câmbio (m)	обмяна (ж)	[obmiána]
taxa (f) de câmbio	курс (м)	[kurs]
caixa (m) eletrônico	банкомат (м)	[bankomát]
moeda (f)	монета (ж)	[monéta]

| dólar (m) | долар (м) | [dólar] |
| euro (m) | евро (с) | [évro] |

lira (f)	лира (ж)	[líra]
marco (m)	марка (ж)	[márka]
franco (m)	франк (м)	[frank]
libra (f) esterlina	британска лира (ж)	[británska líra]
iene (m)	йена (ж)	[jéna]

dívida (f)	дълг (м)	[dəlk]
devedor (m)	длъжник (м)	[dləʒník]
emprestar (vt)	давам на заем	[dávam na záem]
pedir emprestado	взема на заем	[vzéma na záem]

banco (m)	банка (ж)	[bánka]
conta (f)	сметка (ж)	[smétka]
depositar (vt)	депозирам	[depozíram]
depositar na conta	внеса в сметка	[vnesá v smétka]
sacar (vt)	тегля от сметката	[téglia ot smétkata]

cartão (m) de crédito	кредитна карта (ж)	[kréditna kárta]
dinheiro (m) vivo	налични пари (мн)	[nalítʃni parí]
cheque (m)	чек (м)	[tʃek]
passar um cheque	подпиша чек	[potpíʃa tʃek]
talão (m) de cheques	чекова книжка (ж)	[tʃékova kníʃka]

carteira (f)	портфейл (м)	[portféjl]
niqueleira (f)	портмоне (с)	[portmoné]
cofre (m)	сейф (м)	[sejf]

herdeiro (m)	наследник (м)	[naslédnik]
herança (f)	наследство (с)	[naslétstvo]
fortuna (riqueza)	състояние (с)	[səstojánie]

arrendamento (m)	наем (м)	[náem]
aluguel (pagar o ~)	наем (м)	[náem]
alugar (vt)	наемам	[naémam]

preço (m)	цена (ж)	[tsená]
custo (m)	стойност (ж)	[stójnost]
soma (f)	сума (ж)	[súma]
gastar (vt)	харча	[hártʃa]
gastos (m pl)	разходи (м мн)	[ráshodi]

| economizar (vi) | пестя | [pestiá] |
| econômico (adj) | пестелив | [pestelíf] |

pagar (vt)	плащам	[pláʃtam]
pagamento (m)	плащане (c)	[pláʃtane]
troco (m)	ресто (c)	[résto]

imposto (m)	данък (м)	[dánək]
multa (f)	глоба (ж)	[glóba]
multar (vt)	глобявам	[globiávam]

60. Correios. Serviço postal

agência (f) dos correios	поща (ж)	[póʃta]
correio (m)	поща (ж)	[póʃta]
carteiro (m)	пощальон (м)	[poʃtalión]
horário (m)	работно време (c)	[rabótno vréme]

carta (f)	писмо (c)	[pismó]
carta (f) registada	препоръчано писмо (c)	[preporétʃano pismó]
cartão (m) postal	картичка (ж)	[kártitʃka]
telegrama (m)	телеграма (ж)	[telegráma]
encomenda (f)	колет (м)	[kolét]
transferência (f) de dinheiro	паричен превод (м)	[parítʃen prévot]

receber (vt)	получа	[polútʃa]
enviar (vt)	изпратя	[isprátia]
envio (m)	изпращане (c)	[ispráʃtane]

endereço (m)	адрес (м)	[adrés]
código (m) postal	пощенски код (м)	[póʃtenski kot]
remetente (m)	подател (м)	[podátel]
destinatário (m)	получател (м)	[polutʃátel]

| nome (m) | име (c) | [íme] |
| sobrenome (m) | фамилия (ж) | [famílija] |

tarifa (f)	тарифа (ж)	[tarífa]
ordinário (adj)	обикновен	[obiknovén]
econômico (adj)	икономичен	[ikonomítʃen]

peso (m)	тегло (c)	[tegló]
pesar (estabelecer o peso)	претеглям	[pretégliam]
envelope (m)	плик (м)	[plik]
selo (m) postal	марка (ж)	[márka]

Moradia. Casa. Lar

61. Casa. Eletricidade

eletricidade (f)	електричество (с)	[elektrítʃestvo]
lâmpada (f)	крушка (ж)	[krúʃka]
interruptor (m)	изключвател (м)	[izklʲutʃvátel]
fusível, disjuntor (m)	бушон (м)	[buʃón]
fio, cabo (m)	кабел (м)	[kábel]
instalação (f) elétrica	инсталация (ж)	[instalátsija]
medidor (m) de eletricidade	електромер (м)	[elektromér]
indicação (f), registro (m)	показание (с)	[pokazánie]

62. Moradia. Mansão

casa (f) de campo	извънградска къща (ж)	[izvəngrátska kéʃta]
vila (f)	вила (ж)	[víla]
ala (~ do edifício)	крило (с)	[kriló]
jardim (m)	градина (ж)	[gradína]
parque (m)	парк (м)	[park]
estufa (f)	оранжерия (ж)	[oranʒérija]
cuidar de ...	грижа се	[gríʒa se]
piscina (f)	басейн (м)	[baséjn]
academia (f) de ginástica	спортна зала (ж)	[spórtna zála]
quadra (f) de tênis	тенис корт (м)	[ténis kort]
cinema (m)	кинотеатър (м)	[kinoteátər]
garagem (f)	гараж (м)	[garáʒ]
propriedade (f) privada	частна собственост (ж)	[tʃásna sópstvenost]
terreno (m) privado	частни владения (с мн)	[tʃásni vladénija]
advertência (f)	предупреждение (с)	[predupreʒdénie]
sinal (m) de aviso	предупредителен надпис (м)	[predupredítelen nátpis]
guarda (f)	охрана (ж)	[ohrána]
guarda (m)	охранител (м)	[ohranítel]
alarme (m)	сигнализация (ж)	[signalizátsija]

63. Apartamento

apartamento (m)	апартамент (м)	[apartamént]
quarto, cômodo (m)	стая (ж)	[stája]

quarto (m) de dormir	спалня (ж)	[spálnʲa]
sala (f) de jantar	столова (ж)	[stolová]
sala (f) de estar	гостна (ж)	[góstna]
escritório (m)	кабинет (м)	[kabinét]

sala (f) de entrada	антре (с)	[antré]
banheiro (m)	баня (ж)	[bánʲa]
lavabo (m)	тоалетна (ж)	[toalétna]

teto (m)	таван (м)	[taván]
chão, piso (m)	под (м)	[pot]
canto (m)	ъгъл (м)	[égəl]

64. Mobiliário. Interior

mobiliário (m)	мебели (мн)	[mébeli]
mesa (f)	маса (ж)	[mása]
cadeira (f)	стол (м)	[stol]
cama (f)	легло (с)	[legló]
sofá, divã (m)	диван (м)	[diván]
poltrona (f)	фотьойл (м)	[fotʲójl]

estante (f)	книжен шкаф (м)	[kníʒen ʃkaf]
prateleira (f)	рафт (м)	[raft]

guarda-roupas (m)	гардероб (м)	[garderóp]
cabide (m) de parede	закачалка (ж)	[zakatʃálka]
cabideiro (m) de pé	закачалка (ж)	[zakatʃálka]

cômoda (f)	скрин (м)	[skrin]
mesinha (f) de centro	малка масичка (ж)	[málka másitʃka]

espelho (m)	огледало (с)	[ogledálo]
tapete (m)	килим (м)	[kilím]
tapete (m) pequeno	килимче (с)	[kilímtʃe]

lareira (f)	камина (ж)	[kamína]
vela (f)	свещ (м)	[sveʃt]
castiçal (m)	свещник (м)	[svéʃtnik]

cortinas (f pl)	пердета (с мн)	[perdéta]
papel (m) de parede	тапети (м мн)	[tapéti]
persianas (f pl)	щора (ж)	[ʃtóra]

luminária (f) de mesa	лампа (ж) за маса	[lámpa za mása]
luminária (f) de parede	светилник (м)	[svetílnik]

abajur (m) de pé	лампион (м)	[lampión]
lustre (m)	полилей (м)	[poliléj]

pé (de mesa, etc.)	крак (м)	[krak]
braço, descanso (m)	подлакътник (м)	[podlákətnik]
costas (f pl)	облегалка (ж)	[oblegálka]
gaveta (f)	чекмедже (с)	[tʃekmedʒé]

65. Quarto de dormir

roupa (f) de cama	спално бельо (с)	[spálno belʲó]
travesseiro (m)	възглавница (ж)	[vəzglávnitsa]
fronha (f)	калъфка (ж)	[kaléfka]
cobertor (m)	одеяло (с)	[odejálo]
lençol (m)	чаршаф (м)	[ʧarʃáf]
colcha (f)	завивка (ж)	[zavífka]

66. Cozinha

cozinha (f)	кухня (ж)	[kúhnʲa]
gás (m)	газ (м)	[gas]
fogão (m) a gás	газова печка (ж)	[gázova péʧka]
fogão (m) elétrico	електрическа печка (ж)	[elektríʧeska péʧka]
forno (m)	фурна (ж)	[fúrna]
forno (m) de micro-ondas	микровълнова печка (ж)	[mikrovélnova péʧka]
geladeira (f)	хладилник (м)	[hladílnik]
congelador (m)	фризер (м)	[frízer]
máquina (f) de lavar louça	съдомиялна машина (ж)	[sədomijálna maʃína]
moedor (m) de carne	месомелачка (ж)	[meso·melátʃka]
espremedor (m)	сокоизстисквачка (ж)	[soko·isstiskváʧka]
torradeira (f)	тостер (м)	[tóster]
batedeira (f)	миксер (м)	[míkser]
máquina (f) de café	кафеварка (ж)	[kafevárka]
cafeteira (f)	кафеник (м)	[kafeník]
moedor (m) de café	кафемелачка (ж)	[kafe·melátʃka]
chaleira (f)	чайник (м)	[ʧájnik]
bule (m)	чайник (м)	[ʧájnik]
tampa (f)	капачка (ж)	[kapáʧka]
coador (m) de chá	цедка (ж)	[tsétka]
colher (f)	лъжица (ж)	[ləʒítsa]
colher (f) de chá	чаена лъжица (ж)	[ʧáena ləʒítsa]
colher (f) de sopa	супена лъжица (ж)	[súpena ləʒítsa]
garfo (m)	вилица (ж)	[vílitsa]
faca (f)	нож (м)	[noʒ]
louça (f)	съдове (м мн)	[sédove]
prato (m)	чиния (ж)	[ʧiníja]
pires (m)	малка чинийка (ж)	[málka ʧiníjka]
cálice (m)	чашка (ж)	[ʧáʃka]
copo (m)	чаша (ж)	[ʧáʃa]
xícara (f)	чаша (ж)	[ʧáʃa]
açucareiro (m)	захарница (ж)	[zaharnítsa]
saleiro (m)	солница (ж)	[solnítsa]
pimenteiro (m)	пиперница (ж)	[pipérnitsa]

manteigueira (f)	съд (м) за краве масло	[sət za kráve masló]
panela (f)	тенджера (ж)	[téndʒera]
frigideira (f)	тиган (м)	[tigán]
concha (f)	черпак (м)	[tʃerpák]
coador (m)	гевгир (м)	[gevgír]
bandeja (f)	табла (ж)	[tábla]
garrafa (f)	бутилка (ж)	[butílka]
pote (m) de vidro	буркан (м)	[burkán]
lata (~ de cerveja)	тенекия (ж)	[tenekíja]
abridor (m) de garrafa	отварачка (ж)	[otvarátʃka]
abridor (m) de latas	отварачка (ж)	[otvarátʃka]
saca-rolhas (m)	тирбушон (м)	[tirbuʃón]
filtro (m)	филтър (м)	[fíltər]
filtrar (vt)	филтрирам	[filtríram]
lixo (m)	боклук (м)	[boklúk]
lixeira (f)	кофа (ж) за боклук	[kófa za boklúk]

67. Casa de banho

banheiro (m)	баня (ж)	[bánʲa]
água (f)	вода (ж)	[vodá]
torneira (f)	смесител (м)	[smesítel]
água (f) quente	топла вода (ж)	[tópla vodá]
água (f) fria	студена вода (ж)	[studéna vodá]
pasta (f) de dente	паста (ж) за зъби	[pásta za zébi]
escovar os dentes	мия си зъбите	[míja si zébite]
escova (f) de dente	четка (ж) за зъби	[tʃétka za zébi]
barbear-se (vr)	бръсна се	[brésna se]
espuma (f) de barbear	пяна (ж) за бръснене	[pʲána za brésnene]
gilete (f)	бръснач (м)	[brəsnátʃ]
lavar (vt)	мия	[míja]
tomar banho	мия се	[míja se]
chuveiro (m), ducha (f)	душ (м)	[duʃ]
tomar uma ducha	вземам душ	[vzémam duʃ]
banheira (f)	вана (ж)	[vána]
vaso (m) sanitário	тоалетна чиния (ж)	[toalétna tʃiníja]
pia (f)	мивка (ж)	[mífka]
sabonete (m)	сапун (м)	[sapún]
saboneteira (f)	сапуниерка (ж)	[sapuniérka]
esponja (f)	гъба (ж)	[géba]
xampu (m)	шампоан (м)	[ʃampoán]
toalha (f)	кърпа (ж)	[kérpa]
roupão (m) de banho	хавлиен халат (м)	[ħavlíen halát]
lavagem (f)	пране (с)	[prané]
lavadora (f) de roupas	перална машина (ж)	[perálna maʃína]

| lavar a roupa | пера | [perá] |
| detergente (m) | прах (м) за пране | [prah za prané] |

68. Eletrodomésticos

televisor (m)	телевизор (м)	[televízor]
gravador (m)	касетофон (м)	[kasetofón]
videogravador (m)	видео (с)	[vídeo]
rádio (m)	радиоприемник (м)	[radio·priémnik]
leitor (m)	плейър (м)	[pléǝr]

projetor (m)	прожекционен апарат (м)	[proʒektsiónen aparát]
cinema (m) em casa	домашно кино (с)	[domáʃno kíno]
DVD Player (m)	DVD плейър (м)	[dividí pléǝr]
amplificador (m)	усилвател (м)	[usilvátel]
console (f) de jogos	игрова приставка (ж)	[igrová pristáfka]

câmera (f) de vídeo	видеокамера (ж)	[video·kámera]
máquina (f) fotográfica	фотоапарат (м)	[fotoaparát]
câmera (f) digital	цифров фотоапарат (м)	[tsífrov fotoaparát]

aspirador (m)	прахосмукачка (ж)	[praho·smukátʃka]
ferro (m) de passar	ютия (ж)	[jutíja]
tábua (f) de passar	дъска (ж) за гладене	[dǝská za gládene]

telefone (m)	телефон (м)	[telefón]
celular (m)	мобилен телефон (м)	[mobílen telefón]
máquina (f) de escrever	пишеща машинка (ж)	[píʃeʃta maʃínka]
máquina (f) de costura	шевна машина (ж)	[ʃévna maʃína]

microfone (m)	микрофон (м)	[mikrofón]
fone (m) de ouvido	слушалки (ж мн)	[sluʃálki]
controle remoto (m)	пулт (м)	[pult]

CD (m)	CD диск (м)	[sidí disk]
fita (f) cassete	касета (ж)	[kaséta]
disco (m) de vinil	плоча (ж)	[plótʃa]

ATIVIDADES HUMANAS

Emprego. Negócios. Parte 1

69. Escritório. O trabalho no escritório

escritório (~ de advogados)	офис (м)	[ófis]
escritório (do diretor, etc.)	кабинет (м)	[kabinét]
recepção (f)	рецепция (ж)	[retséptsija]
secretário (m)	секретар (м)	[sekretár]
diretor (m)	директор (м)	[diréktor]
gerente (m)	мениджър (м)	[ménidʒər]
contador (m)	счетоводител (м)	[stʃetovodítel]
empregado (m)	сътрудник (м)	[sətrúdnik]
mobiliário (m)	мебели (мн)	[mébeli]
mesa (f)	маса (ж)	[mása]
cadeira (f)	фотьойл (м)	[fotʲójl]
gaveteiro (m)	шкафче (с)	[ʃkáftʃe]
cabideiro (m) de pé	закачалка (ж)	[zakatʃálka]
computador (m)	компютър (м)	[kompʲútər]
impressora (f)	принтер (м)	[prínter]
fax (m)	факс (м)	[faks]
fotocopiadora (f)	ксерокс (м)	[kséroks]
papel (m)	хартия (ж)	[hartíja]
artigos (m pl) de escritório	канцеларски материали (ж мн)	[kantselárski materiáli]
tapete (m) para mouse	подложка (ж) за мишка	[podlóʃka za míʃka]
folha (f)	лист (м)	[list]
catálogo (m)	каталог (м)	[katalók]
lista (f) telefônica	справочник (м)	[spravótʃnik]
documentação (f)	документация (ж)	[dokumentátsija]
brochura (f)	брошура (ж)	[broʃúra]
panfleto (m)	листовка (ж)	[listófka]
amostra (f)	образец (м)	[obrazéts]
formação (f)	тренинг (м)	[tréning]
reunião (f)	съвещание (с)	[səveʃtánie]
hora (f) de almoço	обедна почивка (ж)	[óbedna potʃífka]
fazer uma cópia	ксерокопирам	[kserokopíram]
tirar cópias	размножа	[razmnoʒá]
receber um fax	получавам факс	[polutʃávam faks]
enviar um fax	изпращам факс	[ispráʃtam faks]
fazer uma chamada	обаждам се	[obáʒdam se]

| responder (vt) | отговоря | [otgovóri̯a] |
| passar (vt) | свържа | [svér3a] |

marcar (vt)	назначавам	[naznatʃávam]
demonstrar (vt)	демонстрирам	[demonstríram]
estar ausente	отсъствам	[otséstvam]
ausência (f)	отсъствие (c)	[otséstvie]

70. Processos negociais. Parte 1

negócio (m)	дело (c), бизнес (м)	[délo], [bíznes]
firma, empresa (f)	фирма (ж)	[fírma]
companhia (f)	компания (ж)	[kompánija]
corporação (f)	корпорация (ж)	[korporátsija]
empresa (f)	предприятие (c)	[predprijátie]
agência (f)	агенция (ж)	[agéntsija]

acordo (documento)	договор (м)	[dógovor]
contrato (m)	контракт (м)	[kontrákt]
acordo (transação)	сделка (ж)	[sdélka]
pedido (m)	поръчка (ж)	[porétʃka]
termos (m pl)	условие (c)	[uslóvie]

por atacado	на едро	[na édro]
por atacado (adj)	на едро	[na édro]
venda (f) por atacado	продажба (ж) на едро	[prodá3ba na édro]
a varejo	на дребно	[na drébno]
venda (f) a varejo	продажба (ж) на дребно	[prodá3ba na drébno]

concorrente (m)	конкурент (м)	[konkurént]
concorrência (f)	конкуренция (ж)	[konkuréntsija]
competir (vi)	конкурирам	[konkuríram]

| sócio (m) | партньор (м) | [partni̯ór] |
| parceria (f) | партньорство (c) | [partni̯órstvo] |

crise (f)	криза (ж)	[kríza]
falência (f)	фалит (м)	[falít]
entrar em falência	фалирам	[falíram]
dificuldade (f)	трудност (ж)	[trúdnost]
problema (m)	проблем (м)	[problém]
catástrofe (f)	катастрофа (ж)	[katastrófa]

economia (f)	икономика (ж)	[ikonómika]
econômico (adj)	икономически	[ikonomítʃeski]
recessão (f) econômica	икономически спад (м)	[ikonomítʃeski spat]

| objetivo (m) | цел (ж) | [tsel] |
| tarefa (f) | задача (ж) | [zadátʃa] |

comerciar (vi, vt)	търгувам	[tərgúvam]
rede (de distribuição)	мрежа (ж)	[mré3a]
estoque (m)	склад (м)	[sklat]
sortimento (m)	асортимент (м)	[asortimént]

líder (m)	лидер (м)	[líder]
grande (~ empresa)	голям	[golʲám]
monopólio (m)	монопол (м)	[monopól]

teoria (f)	теория (ж)	[teórija]
prática (f)	практика (ж)	[práktika]
experiência (f)	опит (м)	[ópit]
tendência (f)	тенденция (ж)	[tendéntsija]
desenvolvimento (m)	развитие (с)	[razvítie]

71. Processos negociais. Parte 2

| rentabilidade (f) | изгода (ж) | [izgóda] |
| rentável (adj) | изгоден | [izgóden] |

delegação (f)	делегация (ж)	[delegátsija]
salário, ordenado (m)	работна заплата (ж)	[rabótna zapláta]
corrigir (~ um erro)	поправям	[poprávʲam]
viagem (f) de negócios	командировка (ж)	[komandirófka]
comissão (f)	комисия (ж)	[komísija]

controlar (vt)	контролирам	[kontrolíram]
conferência (f)	конференция (ж)	[konferéntsija]
licença (f)	лиценз (м)	[litsénz]
confiável (adj)	надежден	[nadéӡden]

empreendimento (m)	начинание (с)	[natʃinánie]
norma (f)	норма (ж)	[nórma]
circunstância (f)	обстоятелство (с)	[obstojátelstvo]
dever (do empregado)	задължение (с)	[zadəlӡénie]

empresa (f)	организация (ж)	[organizátsija]
organização (f)	организиране (с)	[organizíranz]
organizado (adj)	организиран	[organizíran]
anulação (f)	отмяна (ж)	[otmʲána]
anular, cancelar (vt)	отменя	[otmenʲá]
relatório (m)	отчет (м)	[otʧét]

patente (f)	патент (м)	[patént]
patentear (vt)	патентовам	[patentóvam]
planejar (vt)	планирам	[planíram]

bônus (m)	премия (ж)	[prémija]
profissional (adj)	професионален	[profesionálen]
procedimento (m)	процедура (ж)	[protsedúra]

examinar (~ a questão)	разгледам	[razglédam]
cálculo (m)	изчисляване (с)	[istʃislʲávane]
reputação (f)	репутация (ж)	[reputátsija]
risco (m)	риск (м)	[risk]

dirigir (~ uma empresa)	ръководя	[rəkovódʲa]
informação (f)	сведения (с мн)	[svédenija]
propriedade (f)	собственост (ж)	[sóbstvenost]

união (f)	съюз (м)	[səjúz]
seguro (m) de vida	застраховка (ж) живот	[zastrahófka ʒivót]
fazer um seguro	застраховам	[zastrahóvam]
seguro (m)	застраховка (ж)	[zastrahófka]

leilão (m)	търгове (с)	[térgove]
notificar (vt)	уведомявам	[uvedomʲávam]
gestão (f)	управление (с)	[upravlénie]
serviço (indústria de ~s)	услуга (ж)	[uslúga]

fórum (m)	форум (м)	[fórum]
funcionar (vi)	функционирам	[funktsioníram]
estágio (m)	етап (м)	[etáp]
jurídico, legal (adj)	юридически	[juridítʃeski]
advogado (m)	юрист (м)	[juríst]

72. Produção. Trabalhos

usina (f)	завод (м)	[zavót]
fábrica (f)	фабрика (ж)	[fábrika]
oficina (f)	цех (м)	[tseh]
local (m) de produção	производство (с)	[proizvótstvo]

indústria (f)	промишленост (ж)	[promíʃlenost]
industrial (adj)	промишлен	[promíʃlen]
indústria (f) pesada	тежка промишленост (ж)	[téʃka promíʃlenost]
indústria (f) ligeira	лека промишленост (ж)	[léka promíʃlenost]

produção (f)	продукция (ж)	[prodúktsija]
produzir (vt)	произвеждам	[proizvéʒdam]
matérias-primas (f pl)	суровини (ж мн)	[surovíní]

chefe (m) de obras	бригадир (м)	[brigadír]
equipe (f)	бригада (ж)	[brigáda]
operário (m)	работник (м)	[rabótnik]

dia (m) de trabalho	работен ден (м)	[rabóten den]
intervalo (m)	почивка (ж)	[potʃífka]
reunião (f)	събрание (с)	[səbránie]
discutir (vt)	обсъждам	[obséʒdam]

plano (m)	план (м)	[plan]
cumprir o plano	изпълнявам план	[ispəlnʲávam plan]
taxa (f) de produção	норма (ж)	[nórma]
qualidade (f)	качество (с)	[kátʃestvo]
controle (m)	контрола (ж)	[kontróla]
controle (m) da qualidade	контрол (м) за качество	[kontról za kátʃestvo]

segurança (f) no trabalho	безопасност (ж) на труда	[bezopásnost na trudá]
disciplina (f)	дисциплина (ж)	[distsiplína]
infração (f)	нарушение (с)	[naruʃénie]
violar (as regras)	нарушавам	[naruʃávam]
greve (f)	стачка (ж)	[státʃka]
grevista (m)	стачник (м)	[státʃnik]

| estar em greve | стачкувам | [statʃkúvam] |
| sindicato (m) | профсъюз (м) | [profsəjúz] |

inventar (vt)	изобретявам	[izobretʲávam]
invenção (f)	изобретение (с)	[izobreténie]
pesquisa (f)	изследване (с)	[isslédvane]
melhorar (vt)	подобрявам	[podobrʲávam]
tecnologia (f)	технология (ж)	[tehnológija]
desenho (m) técnico	чертеж (м)	[ʧertéʒ]

carga (f)	товар (м)	[továr]
carregador (m)	хамалин (м)	[hamálin]
carregar (o caminhão, etc.)	натоварвам	[natovárvam]
carregamento (m)	товарене (с)	[továrene]
descarregar (vt)	разтоварвам	[raztovárvam]
descarga (f)	разтоварване (с)	[raztovárvane]

transporte (m)	транспорт (м)	[transpórt]
companhia (f) de transporte	транспортна компания (ж)	[transpórtna kompánija]
transportar (vt)	транспортирам	[transportíram]

vagão (m) de carga	вагон (м)	[vagón]
tanque (m)	цистерна (ж)	[tsistérna]
caminhão (m)	камион (м)	[kamión]

| máquina (f) operatriz | машина (ж) | [maʃína] |
| mecanismo (m) | механизъм (м) | [mehanízəm] |

resíduos (m pl) industriais	отпадъци (мн)	[otpádətsi]
embalagem (f)	опаковане (ж)	[opakóvane]
embalar (vt)	опаковам	[opakóvam]

73. Contrato. Acordo

contrato (m)	контракт (м)	[kontrákt]
acordo (m)	съглашение (с)	[səglaʃénie]
adendo, anexo (m)	приложение (с)	[priloʒénie]

assinar o contrato	сключа договор	[sklʲúʧa dógovor]
assinatura (f)	подпис (м)	[pótpis]
assinar (vt)	подпиша	[potpíʃa]
carimbo (m)	печат (м)	[peʧát]

objeto (m) do contrato	предмет (м) на договор	[predmét na dógovor]
cláusula (f)	точка (ж)	[tóʧka]
partes (f pl)	страни (ж мн)	[straní]
domicílio (m) legal	юридически адрес (м)	[juridíʧeski adrés]

violar o contrato	наруша договор	[naruʃá dógovor]
obrigação (f)	задължение (с)	[zadəlʒénie]
responsabilidade (f)	отговорност (с)	[otgovórnost]
força (f) maior	форсмажор (м)	[fors·maʒór]
litígio (m), disputa (f)	спор (м)	[spor]
multas (f pl)	глоба (ж)	[glóba]

74. Importação & Exportação

importação (f)	внос (м)	[vnos]
importador (m)	вносител (м)	[vnosítel]
importar (vt)	внасям	[vnásʲam]
de importação	внесен	[vnósen]
exportação (f)	експорт (м)	[ekspórt]
exportador (m)	износител (м)	[iznosítel]
exportar (vt)	изнасям	[iznásʲam]
de exportação	експортен	[ekspórten]
mercadoria (f)	стока (ж)	[stóka]
lote (de mercadorias)	партида (ж)	[partída]
peso (m)	тегло (с)	[tegló]
volume (m)	обем (м)	[obém]
metro (m) cúbico	кубически метър (м)	[kubítʃeski métər]
produtor (m)	производител (м)	[proizvodítel]
companhia (f) de transporte	транспортна компания (ж)	[transpórtna kompánija]
contêiner (m)	контейнер (м)	[kontéjner]
fronteira (f)	граница (ж)	[gránitsa]
alfândega (f)	митница (ж)	[mítnitsa]
taxa (f) alfandegária	мито (с)	[mitó]
funcionário (m) da alfândega	митничар (м)	[mitnitʃár]
contrabando (atividade)	контрабанда (ж)	[kontrabánda]
contrabando (produtos)	контрабанда (ж)	[kontrabánda]

75. Finanças

ação (f)	акция (ж)	[áktsija]
obrigação (f)	облигация (ж)	[obligátsija]
nota (f) promissória	полица (ж)	[pólitsa]
bolsa (f) de valores	борса (ж)	[bórsa]
cotação (m) das ações	курс (м) на акции	[kurs na áktsii]
tornar-se mais barato	поевтинея	[poeftinéja]
tornar-se mais caro	поскъпнея	[poskəpnéja]
parte (f)	дял (м)	[dʲal]
participação (f) majoritária	контролен пакет (м)	[kontrólen pakét]
investimento (m)	инвестиции (ж мн)	[investítsii]
investir (vt)	инвестирам	[investíram]
porcentagem (f)	лихвен процент (м)	[líhven protsént]
juros (m pl)	проценти (м мн)	[protsénti]
lucro (m)	печалба (ж)	[petʃálba]
lucrativo (adj)	печеливш	[petʃelívʃ]
imposto (m)	данък (м)	[dánək]

divisa (f)	валута (ж)	[valúta]
nacional (adj)	национален	[natsionálen]
câmbio (m)	обмяна (ж)	[obmʲána]

| contador (m) | счетоводител (м) | [stʃetovodítel] |
| contabilidade (f) | счетоводство (с) | [stʃetovótstvo] |

falência (f)	фалит (м)	[falít]
falência, quebra (f)	фалит (м)	[falít]
ruína (f)	фалиране (с)	[falírane]
estar quebrado	фалирам	[falíram]
inflação (f)	инфлация (ж)	[inflátsija]
desvalorização (f)	девалвация (ж)	[devalvátsija]

capital (m)	капитал (м)	[kapitál]
rendimento (m)	доход (м)	[dóhot]
volume (m) de negócios	оборот (м)	[oborót]
recursos (m pl)	ресурси (мн)	[resúrsi]
recursos (m pl) financeiros	парични средства (с мн)	[paríʧni srétstva]

76. Marketing

marketing (m)	маркетинг (м)	[markéting]
mercado (m)	пазар (м)	[pazár]
segmento (m) do mercado	пазарен сегмент (м)	[pazáren segmént]
produto (m)	продукт (м)	[prodúkt]
mercadoria (f)	стока (ж)	[stóka]

marca (f) registrada	търговска марка (ж)	[tərgófska márka]
logotipo (m)	фирмена марка (ж)	[fírmena márka]
logo (m)	лого (с)	[lógo]

demanda (f)	търсене (с)	[tέrsene]
oferta (f)	предложение (с)	[predloʒénie]
necessidade (f)	нужда (ж)	[núʒda]
consumidor (m)	потребител (м)	[potrebítel]

análise (f)	анализ (м)	[análiz]
analisar (vt)	анализирам	[analizíram]
posicionamento (m)	позициониране (с)	[pozitsionírane]
posicionar (vt)	позиционирам	[pozitsioníram]

preço (m)	цена (ж)	[tsená]
política (f) de preços	ценова политика (ж)	[tsenová politíka]
formação (f) de preços	ценообразуване (с)	[tseno·obrazúvane]

77. Publicidade

publicidade (f)	реклама (ж)	[rekláma]
fazer publicidade	рекламирам	[reklamíram]
orçamento (m)	бюджет (м)	[bʲudʒét]
anúncio (m)	реклама (ж)	[rekláma]

publicidade (f) na TV	телевизионна реклама (ж)	[televiziónna rekláma]
publicidade (f) na rádio	радио реклама (ж)	[rádio rekláma]
publicidade (f) exterior	външна реклама (ж)	[vénʃna rekláma]

comunicação (f) de massa	масмедия (ж)	[masmédija]
periódico (m)	периодично издание (с)	[periodítʃno izdánie]
imagem (f)	имидж (м)	[ímidʒ]

| slogan (m) | лозунг (м) | [lózung] |
| mote (m), lema (f) | девиз (м) | [devíz] |

campanha (f)	кампания (ж)	[kampánija]
campanha (f) publicitária	рекламна кампания (ж)	[reklámna kampánija]
grupo (m) alvo	целева аудитория (ж)	[tselevá auditórija]

cartão (m) de visita	визитка (ж)	[vizítka]
panfleto (m)	листовка (ж)	[listófka]
brochura (f)	брошура (ж)	[broʃúra]
folheto (m)	диплянка (ж)	[diplʲánka]
boletim (~ informativo)	бюлетин (с)	[bʲuletín]

letreiro (m)	табела (ж)	[tabéla]
cartaz, pôster (m)	постер (м)	[póster]
painel (m) publicitário	билборд (м)	[bilbórt]

78. Banca

| banco (m) | банка (ж) | [bánka] |
| balcão (f) | клон (м) | [klon] |

| consultor (m) bancário | консултант (м) | [konsultánt] |
| gerente (m) | управител (м) | [uprávitel] |

conta (f)	сметка (ж)	[smétka]
número (m) da conta	номер (м) на сметка	[nómer na smétka]
conta (f) corrente	текуща сметка (ж)	[tekúʃta smétka]
conta (f) poupança	спестовна сметка (ж)	[spestóvna smétka]

abrir uma conta	откривам сметка	[otkrívam smétka]
fechar uma conta	закривам сметка	[zakrívam smétka]
depositar na conta	депозирам в сметка	[depozíram f smétka]
sacar (vt)	тегля от сметката	[téglʲa ot smétkata]

depósito (m)	влог (м)	[vlok]
fazer um depósito	направя влог	[naprávʲa vlok]
transferência (f) bancária	превод (м)	[prévot]
transferir (vt)	направя превод	[naprávʲa prévot]

| soma (f) | сума (ж) | [súma] |
| Quanto? | Колко? | [kólko] |

assinatura (f)	подпис (м)	[pótpis]
assinar (vt)	подпиша	[potpíʃa]
cartão (m) de crédito	кредитна карта (ж)	[kréditna kárta]

senha (f)	код (м)	[kot]
número (m) do cartão	номер (м)	[nómer
de crédito	на кредитна карта	na kréditna kárta]
caixa (m) eletrônico	банкомат (м)	[bankomát]

cheque (m)	чек (м)	[tʃek]
passar um cheque	подпиша чек	[potpíʃa tʃek]
talão (m) de cheques	чекова книжка (ж)	[tʃékova kníʃka]

empréstimo (m)	кредит (м)	[krédit]
pedir um empréstimo	кандидатствам за кредит	[kandidátstvam za krédit]
obter empréstimo	взимам кредит	[vzímam krédit]
dar um empréstimo	предоставям кредит	[predostávʲam krédit]
garantia (f)	гаранция (ж)	[garántsija]

79. Telefone. Conversação telefônica

telefone (m)	телефон (м)	[telefón]
celular (m)	мобилен телефон (м)	[mobílen telefón]
secretária (f) eletrônica	телефонен секретар (м)	[telefónen sekretár]

| fazer uma chamada | обаждам се | [obáʒdam se] |
| chamada (f) | обаждане (c) | [obáʒdane] |

| discar um número | набирам номер | [nabíram nómer] |
| Alô! | Ало! | [álo] |

| perguntar (vt) | питам | [pítam] |
| responder (vt) | отговарям | [otgovárʲam] |

| ouvir (vt) | чувам | [tʃúvam] |
| bem | добре | [dobré] |

| mal | лошо | [lóʃo] |
| ruído (m) | шумове (м мн) | [ʃúmove] |

fone (m)	слушалка (ж)	[sluʃálka]
pegar o telefone	вдигам слушалката	[vdígam sluʃálkata]
desligar (vi)	затварям телефона	[zatvárʲam telefóna]

ocupado (adj)	заета	[zaéta]
tocar (vi)	звъня	[zvənʲá]
lista (f) telefônica	телефонен справочник (м)	[telefónen spravótʃnik]

| local (adj) | селищен | [séliʃten] |
| chamada (f) local | селищен разговор (м) | [séliʃten rázgovor] |

| de longa distância | междуградски | [meʒdugrátski] |
| chamada (f) de longa distância | междуградски разговор (м) | [meʒdugrátski rázgovor] |

| internacional (adj) | международен | [meʒdunaróden] |
| chamada (f) internacional | международен разговор (м) | [meʒdunaróden rázgovor] |

80. Telefone móvel

celular (m)	мобилен телефон (м)	[mobílen telefón]
tela (f)	дисплей (м)	[displéj]
botão (m)	бутон (м)	[butón]
cartão SIM (m)	SIM-карта (ж)	[sim-kárta]
bateria (f)	батерия (ж)	[batérija]
descarregar-se (vr)	изтощавам	[iztoʃtávam]
carregador (m)	зареждащо устройство (c)	[zaréʒdaʃto ustrójstvo]
menu (m)	меню (c)	[menʲú]
configurações (f pl)	настройки (ж мн)	[nastrójki]
melodia (f)	мелодия (ж)	[melódija]
escolher (vt)	избера	[izberá]
calculadora (f)	калкулатор (м)	[kalkulátor]
correio (m) de voz	телефонен секретар (м)	[telefónen sekretár]
despertador (m)	будилник (м)	[budílnik]
contatos (m pl)	телефонен справочник (м)	[telefónen spravótʃnik]
mensagem (f) de texto	SMS съобщение (c)	[esemés səobʃténie]
assinante (m)	абонат (м)	[abonát]

81. Estacionário

caneta (f)	химикалка (ж)	[himikálka]
caneta (f) tinteiro	перодръжка (ж)	[perodréʒka]
lápis (m)	молив (м)	[móliv]
marcador (m) de texto	маркер (м)	[márker]
caneta (f) hidrográfica	флумастер (м)	[flumáster]
bloco (m) de notas	тефтер (м)	[teftér]
agenda (f)	ежедневник (м)	[eʒednévnik]
régua (f)	линийка (ж)	[línijka]
calculadora (f)	калкулатор (м)	[kalkulátor]
borracha (f)	гума (ж)	[gúma]
alfinete (m)	кабърче (c)	[kábərtʃe]
clipe (m)	кламер (м)	[klámer]
cola (f)	лепило (c)	[lepílo]
grampeador (m)	телбод (м)	[telbót]
furador (m) de papel	перфоратор (м)	[perforátor]
apontador (m)	острилка (ж)	[ostrílka]

82. Tipos de negócios

serviços (m pl) de contabilidade	счетоводни услуги (ж мн)	[stʃetovódni uslúgi]
publicidade (f)	реклама (ж)	[reklária]

agência (f) de publicidade	рекламна агенция (ж)	[reklámna agéntsija]
ar (m) condicionado	климатици (м мн)	[klimatítsi]
companhia (f) aérea	авиокомпания (ж)	[aviokompánija]
bebidas (f pl) alcoólicas	алкохолни напитки (ж мн)	[alkohólni napítki]
comércio (m) de antiguidades	антиквариат (м)	[antikvariát]
galeria (f) de arte	галерия (ж)	[galérija]
serviços (m pl) de auditoria	одиторски услуги (ж мн)	[odítorski uslúgi]
negócios (m pl) bancários	банков бизнес (м)	[bánkov bíznes]
bar (m)	бар (м)	[bar]
salão (m) de beleza	козметичен салон (м)	[kozmetítʃen salón]
livraria (f)	книжарница (ж)	[kniʒárnitsa]
cervejaria (f)	пивоварна (ж)	[pivovárna]
centro (m) de escritórios	бизнес-център (м)	[bíznes-tséntər]
escola (f) de negócios	бизнес-училище (с)	[bíznes-utʃíliʃte]
cassino (m)	казино (с)	[kazíno]
construção (f)	строителство (с)	[stroítelstvo]
consultoria (f)	консултиране (с)	[konsultírane]
clínica (f) dentária	стоматология (ж)	[stomatológija]
design (m)	дизайн (м)	[dizájn]
drogaria (f)	аптека (ж)	[aptéka]
lavanderia (f)	химическо чистене (с)	[himítʃesko tʃístene]
agência (f) de emprego	агенция (ж) за подбор на персонал	[agéntsija za podbór na personál]
serviços (m pl) financeiros	финансови услуги (ж мн)	[finánsovi uslúgi]
alimentos (m pl)	хранителни стоки (ж мн)	[hranítelni stóki]
funerária (f)	погребални услуги (мн)	[pogrebálni uslúgi]
mobiliário (m)	мебели (мн)	[mébeli]
roupa (f)	облекло (с)	[oblekló]
hotel (m)	хотел (м)	[hotél]
sorvete (m)	сладолед (м)	[sladolét]
indústria (f)	промишленост (ж)	[promíʃlenost]
seguro (~ de vida, etc.)	застраховане (с)	[zastrahóvane]
internet (f)	интернет (м)	[internét]
investimento (m)	инвестиции (ж мн)	[investítsii]
joalheiro (m)	златар (м)	[zlatár]
joias (f pl)	златарски изделия (с мн)	[zlatárski izdélija]
lavanderia (f)	пералня (ж)	[perálnia]
assessorias (f pl) jurídicas	юридически услуги (ж мн)	[juridítʃeski uslúgi]
indústria (f) ligeira	лека промишленост (ж)	[léka promíʃlenost]
revista (f)	списание (с)	[spisánie]
vendas (f pl) por catálogo	каталожна търговия (ж)	[katalóʒna tərgovíja]
medicina (f)	медицина (ж)	[meditsína]
cinema (m)	кинотеатър (м)	[kinoteátər]
museu (m)	музей (м)	[muzéj]
agência (f) de notícias	информационна агенция (ж)	[informatsiónna agéntsija]
jornal (m)	вестник (м)	[vésnik]

| boate (casa noturna) | нощен клуб (м) | [nóʃten klup] |

petróleo (m)	нефт (м)	[neft]
serviços (m pl) de remessa	куриерска служба (ж)	[kuriérska slúʒba]
indústria (f) farmacêutica	фармацевтика (ж)	[farmatséftika]
tipografia (f)	полиграфия (ж)	[poligrafíja]
editora (f)	издателство (с)	[izdátelstvo]

rádio (m)	радио (с)	[rádio]
imobiliário (m)	недвижими имоти (мн)	[nedvíʒimi imóti]
restaurante (m)	ресторант (м)	[restoránt]

empresa (f) de segurança	охранителна агенция (ж)	[ohranítelna agéntsija]
esporte (m)	спорт (м)	[sport]
bolsa (f) de valores	борса (ж)	[bórsa]
loja (f)	магазин (м)	[magazín]
supermercado (m)	супермаркет (м)	[supermárket]
piscina (f)	басейн (м)	[baséjn]

alfaiataria (f)	ателие (с)	[atelié]
televisão (f)	телевизия (ж)	[televízija]
teatro (m)	театър (м)	[teátər]
comércio (m)	търговия (ж)	[tərgovíja]
serviços (m pl) de transporte	превоз (м)	[prévos]
viagens (f pl)	туризъм (м)	[turízəm]

veterinário (m)	ветеринар (м)	[veterinár]
armazém (m)	склад (м)	[sklat]
recolha (f) do lixo	извозване (с) на боклук	[izvózvane na boklúk]

Emprego. Negócios. Parte 2

83. Espetáculo. Feira

feira, exposição (f)	изложба (ж)	[izlóʒba]
feira (f) comercial	търговска изложба (ж)	[tərgófska izlóʒba]
participação (f)	участие (c)	[utʃástie]
participar (vi)	участвам	[utʃástvam]
participante (m)	участник (м)	[utʃásnik]
diretor (m)	директор (м)	[diréktor]
direção (f)	дирекция (ж)	[diréktsija]
organizador (m)	организатор (м)	[organizátor]
organizar (vt)	организирам	[organizíram]
ficha (f) de inscrição	заявка (ж) за участие	[zajáfka za utʃástie]
preencher (vt)	попълня	[popélnʲa]
detalhes (m pl)	детайли (м мн)	[detájli]
informação (f)	информация (ж)	[informátsija]
preço (m)	цена (ж)	[tsená]
incluindo	включително	[fklʲutʃítelno]
incluir (vt)	включвам	[fklʲútʃvam]
pagar (vt)	плащам	[pláʃtam]
taxa (f) de inscrição	регистрационна такса (ж)	[registratsiónna táksa]
entrada (f)	вход (м)	[vhot]
pavilhão (m), salão (f)	павилион (м)	[pavilión]
inscrever (vt)	регистрирам	[registríram]
crachá (m)	бадж (м)	[badʒ]
stand (m)	щанд (м)	[ʃtant]
reservar (vt)	резервирам	[rezervíram]
vitrine (f)	витрина (ж)	[vitrína]
lâmpada (f)	светилник (м)	[svetílnik]
design (m)	дизайн (м)	[dizájn]
pôr (posicionar)	нареждам	[naréʒdam]
distribuidor (m)	дистрибутор (м)	[distribútor]
fornecedor (m)	доставчик (м)	[dostávtʃik]
país (m)	страна (ж)	[straná]
estrangeiro (adj)	чуждестранен	[tʃuʒdestránen]
produto (m)	продукт (м)	[prodúkt]
associação (f)	асоциация (ж)	[asotsiátsija]
sala (f) de conferência	конферентна зала (ж)	[konferéntna zála]
congresso (m)	конгрес (м)	[kongrés]

concurso (m)	конкурс (м)	[konkúrs]
visitante (m)	посетител (м)	[posetítel]
visitar (vt)	посещавам	[poseʃtávam]
cliente (m)	клиент (м)	[kliént]

84. Ciência. Investigação. Cientistas

ciência (f)	наука (ж)	[naúka]
científico (adj)	научен	[naútʃen]
cientista (m)	учен (м)	[útʃen]
teoria (f)	теория (ж)	[teórija]
axioma (m)	аксиома (ж)	[aksióma]
análise (f)	анализ (м)	[análiz]
analisar (vt)	анализирам	[analizíram]
argumento (m)	аргумент (м)	[argumént]
substância (f)	вещество (c)	[veʃtestvó]
hipótese (f)	хипотеза (ж)	[hipotéza]
dilema (m)	дилема (ж)	[diléma]
tese (f)	дисертация (ж)	[disertátsija]
dogma (m)	догма (ж)	[dógma]
doutrina (f)	доктрина (ж)	[doktrína]
pesquisa (f)	изследване (c)	[isslédvane]
pesquisar (vt)	изследвам	[isslédvam]
testes (m pl)	контрола (ж)	[kontróla]
laboratório (m)	лаборатория (ж)	[laboratórija]
método (m)	метод (м)	[métot]
molécula (f)	молекула (ж)	[molekúla]
monitoramento (m)	мониторинг (м)	[monitóring]
descoberta (f)	откритие (c)	[otkrítie]
postulado (m)	постулат (м)	[postulát]
princípio (m)	принцип (м)	[príntsip]
prognóstico (previsão)	прогноза (ж)	[prognóza]
prognosticar (vt)	прогнозирам	[prognozíram]
síntese (f)	синтеза (ж)	[sintéza]
tendência (f)	тенденция (ж)	[tendéntsija]
teorema (m)	теорема (ж)	[teoréma]
ensinamentos (m pl)	учение (c)	[utʃénie]
fato (m)	факт (м)	[fakt]
expedição (f)	експедиция (ж)	[ekspedítsija]
experiência (f)	експеримент (м)	[eksperimént]
acadêmico (m)	академик (м)	[akademík]
bacharel (m)	бакалавър (м)	[bakalávər]
doutor (m)	доктор (м)	[dóktor]
professor (m) associado	доцент (м)	[dotsént]
mestrado (m)	магистър (м)	[magístər]
professor (m)	професор (м)	[profésor]

Profissões e ocupações

85. Procura de emprego. Demissão

trabalho (m)	работа (ж)	[rábota]
equipe (f)	щат (m)	[ʃtat]
carreira (f)	кариера (ж)	[kariéra]
perspectivas (f pl)	перспектива (ж)	[perspektíva]
habilidades (f pl)	майсторство (c)	[májstorstvo]
seleção (f)	подбиране (c)	[podbírane]
agência (f) de emprego	агенция (ж) за подбор на персонал	[agéntsija za podbór na personál]
currículo (m)	резюме (c)	[rezʲumé]
entrevista (f) de emprego	интервю (c)	[intervʲú]
vaga (f)	вакантно място (c)	[vakántno mʲásto]
salário (m)	работна заплата (ж)	[rabótna zapláta]
pagamento (m)	плащане (c)	[pláʃtane]
cargo (m)	длъжност (ж)	[dléʒnost]
dever (do empregado)	задължение (c)	[zadəlʒénie]
gama (f) de deveres	кръг (m)	[krək]
ocupado (adj)	зает	[zaét]
despedir, demitir (vt)	уволня	[uvolnʲá]
demissão (f)	уволнение (c)	[uvolnénie]
desemprego (m)	безработица (ж)	[bezrabótitsa]
desempregado (m)	безработен човек (m)	[bezrabóten ʧovék]
aposentadoria (f)	пенсия (ж)	[pénsija]
aposentar-se (vr)	пенсионирам се	[pensioníram se]

86. Gente de negócios

diretor (m)	директор (m)	[diréktor]
gerente (m)	управител (m)	[uprávitel]
patrão, chefe (m)	ръководител (m)	[rəkovodítel]
superior (m)	началник (m)	[natʃálnik]
superiores (m pl)	началство (c)	[natʃálstvo]
presidente (m)	президент (m)	[prezidént]
chairman (m)	председател (m)	[pretsedátel]
substituto (m)	заместник (m)	[zamésnik]
assistente (m)	помощник (m)	[pomóʃtnik]
secretário (m)	секретар (m)	[sekretár]

secretário (m) pessoal	личен секретар (м)	[lítʃen sekretár]
homem (m) de negócios	бизнесмен (м)	[biznesmén]
empreendedor (m)	предприемач (м)	[predpriemátʃ]
fundador (m)	основател (м)	[osnovátel]
fundar (vt)	основа	[osnová]
principiador (m)	учредител (м)	[utʃredítel]
parceiro, sócio (m)	партньор (м)	[partniór]
acionista (m)	акционер (м)	[aktsionér]
milionário (m)	милионер (м)	[milionér]
bilionário (m)	милиардер (м)	[miliardér]
proprietário (m)	собственик (м)	[sóbstvenik]
proprietário (m) de terras	земевладелец (м)	[zemevladélets]
cliente (m)	клиент (м)	[kliént]
cliente (m) habitual	постоянен клиент (м)	[postojánen kliént]
comprador (m)	купувач (м)	[kupuvátʃ]
visitante (m)	посетител (м)	[posetítel]
profissional (m)	професионалист (м)	[profesionalíst]
perito (m)	експерт (м)	[ekspért]
especialista (m)	специалист (м)	[spetsialíst]
banqueiro (m)	банкер (м)	[bankér]
corretor (m)	брокер (м)	[bróker]
caixa (m, f)	касиер (м)	[kasiér]
contador (m)	счетоводител (м)	[stʃetovodítel]
guarda (m)	охранител (м)	[ohranítel]
investidor (m)	инвеститор (м)	[investítor]
devedor (m)	длъжник (м)	[dləʒník]
credor (m)	кредитор (м)	[kredítor]
mutuário (m)	заемател (м)	[zaemátel]
importador (m)	вносител (м)	[vnosítel]
exportador (m)	износител (м)	[iznosítel]
produtor (m)	производител (м)	[proizvodítel]
distribuidor (m)	дистрибутор (м)	[distribútor]
intermediário (m)	посредник (м)	[posrédnik]
consultor (m)	консултант (м)	[konsultánt]
representante comercial	представител (м)	[pretstávitel]
agente (m)	агент (м)	[agént]
agente (m) de seguros	застрахователен агент (м)	[zastrahovátelen agent]

87. Profissões de serviços

cozinheiro (m)	готвач (м)	[gotvátʃ]
chefe (m) de cozinha	главен готвач (м)	[gláven gotvátʃ]
padeiro (m)	фурнаджия (ж)	[furnadʒíja]
barman (m)	барман (м)	[bárman]

garçom (m)	сервитьор (м)	[servit'ór]
garçonete (f)	сервитьорка (ж)	[servit'órka]
advogado (m)	адвокат (м)	[advokát]
jurista (m)	юрист (м)	[juríst]
notário (m)	нотариус (м)	[notárius]
eletricista (m)	монтьор (м)	[mont'ór]
encanador (m)	водопроводчик (м)	[vodoprovótt∫ik]
carpinteiro (m)	дърводелец (м)	[dərvodélets]
massagista (m)	масажист (м)	[masaʒíst]
massagista (f)	масажистка (ж)	[masaʒístka]
médico (m)	лекар (м)	[lékar]
taxista (m)	таксиметров шофьор (м)	[taksimétrof ∫of'ór]
condutor (automobilista)	шофьор (м)	[∫of'ór]
entregador (m)	куриер (м)	[kuriér]
camareira (f)	камериерка (ж)	[kameriérka]
guarda (m)	охранител (м)	[ohranítel]
aeromoça (f)	стюардеса (ж)	[st'uardésa]
professor (m)	учител (м)	[ut∫ítel]
bibliotecário (m)	библиотекар (м)	[bibliotekár]
tradutor (m)	преводач (м)	[prevodát∫]
intérprete (m)	преводач (м)	[prevodát∫]
guia (m)	гид (м)	[git]
cabeleireiro (m)	фризьор (м)	[friz'ór]
carteiro (m)	пощальон (м)	[po∫tal'ón]
vendedor (m)	продавач (м)	[prodavát∫]
jardineiro (m)	градинар (м)	[gradinár]
criado (m)	слуга (м)	[slugá]
criada (f)	слугиня (ж)	[slugín'a]
empregada (f) de limpeza	чистачка (ж)	[t∫istát∫ka]

88. Profissões militares e postos

soldado (m) raso	редник (м)	[rédnik]
sargento (m)	сержант (м)	[serʒánt]
tenente (m)	лейтенант (м)	[lejtenánt]
capitão (m)	капитан (м)	[kapitán]
major (m)	майор (м)	[majór]
coronel (m)	полковник (м)	[polkóvnik]
general (m)	генерал (м)	[generál]
marechal (m)	маршал (м)	[már∫al]
almirante (m)	адмирал (м)	[admirál]
militar (m)	военен (м)	[voénen]
soldado (m)	войник (м)	[vojník]
oficial (m)	офицер (м)	[ofitsér]

comandante (m)	командир (м)	[komandír]
guarda (m) de fronteira	митничар (м)	[mitnitʃár]
operador (m) de rádio	радист (м)	[radíst]
explorador (m)	разузнавач (м)	[razuznavátʃ]
sapador-mineiro (m)	сапьор (м)	[sapʲór]
atirador (m)	стрелец (м)	[streléts]
navegador (m)	щурман (м)	[ʃtúrman]

89. Oficiais. Padres

rei (m)	крал (м)	[kral]
rainha (f)	кралица (ж)	[kralítsa]
príncipe (m)	принц (м)	[prints]
princesa (f)	принцеса (ж)	[printsésa]
czar (m)	цар (м)	[tsar]
czarina (f)	царица (ж)	[tsarítsa]
presidente (m)	президент (м)	[prezidént]
ministro (m)	министър (м)	[minístər]
primeiro-ministro (m)	министър-председател (м)	[minístər-pretsedátel]
senador (m)	сенатор (м)	[senátor]
diplomata (m)	дипломат (м)	[diplomát]
cônsul (m)	консул (м)	[kónsul]
embaixador (m)	посланик (м)	[poslánik]
conselheiro (m)	съветник (м)	[səvétnik]
funcionário (m)	чиновник (м)	[tʃinóvnik]
prefeito (m)	префект (м)	[prefékt]
Presidente (m) da Câmara	кмет (м)	[kmet]
juiz (m)	съдия (м)	[sədijá]
procurador (m)	прокурор (м)	[prokurór]
missionário (m)	мисионер (м)	[misionér]
monge (m)	монах (м)	[monáh]
abade (m)	абат (м)	[abát]
rabino (m)	равин (м)	[ravín]
vizir (m)	везир (м)	[vezír]
xá (m)	шах (м)	[ʃah]
xeique (m)	шейх (м)	[ʃejh]

90. Profissões agrícolas

abelheiro (m)	пчеловъд (м)	[ptʃelovát]
pastor (m)	пастир (м)	[pastír]
agrônomo (m)	агроном (м)	[agronóm]
criador (m) de gado	животновъд (м)	[ʒivotnovét]
veterinário (m)	ветеринар (м)	[veterinár]

agricultor, fazendeiro (m)	фермер (м)	[férmer]
vinicultor (m)	винар (м)	[vinár]
zoólogo (m)	зоолог (м)	[zoolók]
vaqueiro (m)	каубой (м)	[káuboj]

91. Profissões artísticas

| ator (m) | актьор (м) | [aktjór] |
| atriz (f) | актриса (ж) | [aktrísa] |

| cantor (m) | певец (м) | [pevéts] |
| cantora (f) | певица (ж) | [pevítsa] |

| bailarino (m) | танцьор (м) | [tantsʲór] |
| bailarina (f) | танцьорка (ж) | [tantsʲórka] |

| artista (m) | артист (м) | [artíst] |
| artista (f) | артистка (ж) | [artístka] |

músico (m)	музикант (м)	[muzikánt]
pianista (m)	пианист (м)	[pianíst]
guitarrista (m)	китарист (м)	[kitaríst]

maestro (m)	диригент (м)	[dirigént]
compositor (m)	композитор (м)	[kompozítor]
empresário (m)	импресарио (м)	[impresário]

diretor (m) de cinema	режисьор (м)	[reʒisʲór]
produtor (m)	продуцент (м)	[produtsént]
roteirista (m)	сценарист (м)	[stsenaríst]
crítico (m)	критик (м)	[kritík]

escritor (m)	писател (м)	[pisátel]
poeta (m)	поет (м)	[poét]
escultor (m)	скулптор (м)	[skúlptor]
pintor (m)	художник (м)	[hudóʒnik]

malabarista (m)	жонгльор (м)	[ʒonglʲór]
palhaço (m)	клоун (м)	[klóun]
acrobata (m)	акробат (м)	[akrobát]
ilusionista (m)	фокусник (м)	[fókusnik]

92. Várias profissões

médico (m)	лекар (м)	[lékar]
enfermeira (f)	медицинска сестра (ж)	[meditsínska sestrá]
psiquiatra (m)	психиатър (м)	[psihiáter]
dentista (m)	стоматолог (м)	[stomatolók]
cirurgião (m)	хирург (м)	[hirúrk]

| astronauta (m) | астронавт (м) | [astronáft] |
| astrônomo (m) | астроном (м) | [astronóm] |

motorista (m)	шофьор (м)	[ʃofʲór]
maquinista (m)	машинист (м)	[maʃiníst]
mecânico (m)	механик (м)	[mehánik]

mineiro (m)	миньор (м)	[minʲór]
operário (m)	работник (м)	[rabótnik]
serralheiro (m)	шлосер (м)	[ʃlóser]
marceneiro (m)	дърводелец (м)	[dərvodélets]
torneiro (m)	стругар (м)	[strugár]
construtor (m)	строител (м)	[stroítel]
soldador (m)	заварчик (м)	[zavártʃik]

professor (m)	професор (м)	[profésor]
arquiteto (m)	архитект (м)	[arhitékt]
historiador (m)	историк (м)	[istorík]
cientista (m)	учен (м)	[útʃen]
físico (m)	физик (м)	[fizík]
químico (m)	химик (м)	[himík]

arqueólogo (m)	археолог (м)	[arheolók]
geólogo (m)	геолог (м)	[geolók]
pesquisador (cientista)	изследовател (м)	[issledovátel]

| babysitter, babá (f) | детегледачка (ж) | [detegledátʃka] |
| professor (m) | учител, педагог (м) | [utʃítel], [pedagók] |

redator (m)	редактор (м)	[redáktor]
redator-chefe (m)	главен редактор (м)	[gláven redáktor]
correspondente (m)	кореспондент (м)	[korespondént]
datilógrafa (f)	машинописка (ж)	[maʃinopíska]

designer (m)	дизайнер (м)	[dizájner]
especialista (m) em informática	компютърен специалист (м)	[kompʲútəren spetsialíst]
programador (m)	програмист (м)	[programíst]
engenheiro (m)	инженер (м)	[inʒenér]

marujo (m)	моряк (м)	[morʲák]
marinheiro (m)	матрос (м)	[matrós]
socorrista (m)	спасител (м)	[spasítel]

bombeiro (m)	пожарникар (м)	[poʒarnikár]
polícia (m)	полицай (м)	[politsáj]
guarda-noturno (m)	пазач (м)	[pazátʃ]
detetive (m)	детектив (м)	[detektíf]

funcionário (m) da alfândega	митничар (м)	[mitnitʃár]
guarda-costas (m)	телохранител (с)	[telohranítel]
guarda (m) prisional	надзирател (м)	[nadzirátel]
inspetor (m)	инспектор (м)	[inspéktor]

esportista (m)	спортист (м)	[sportíst]
treinador (m)	треньор (м)	[trenʲór]
açougueiro (m)	месар (м)	[mesár]
sapateiro (m)	обущар (м)	[obuʃtár]
comerciante (m)	търговец (м)	[tərgóvets]

carregador (m)	хамалин (м)	[hamálin]
estilista (m)	моделиер (м)	[modeliér]
modelo (f)	модел (м)	[modél]

93. Ocupações. Estatuto social

| estudante (~ de escola) | ученик (м) | [utʃeník] |
| estudante (~ universitária) | студент (м) | [studént] |

filósofo (m)	философ (м)	[filosóf]
economista (m)	икономист (м)	[ikonomíst]
inventor (m)	изобретател (м)	[izobretátel]

desempregado (m)	безработен човек (м)	[bezrabóten tʃovék]
aposentado (m)	пенсионер (м)	[pensionér]
espião (m)	шпионин (м)	[ʃpiónin]

preso, prisioneiro (m)	затворник (м)	[zatvórnik]
grevista (m)	стачник (м)	[státʃnik]
burocrata (m)	бюрократ (м)	[bʲurokrát]
viajante (m)	пътешественик (м)	[pəteʃéstvenik]

homossexual (m)	хомосексуалист (м)	[homoseksualíst]
hacker (m)	хакер (м)	[háker]
hippie (m, f)	хипи (м)	[hípi]

bandido (m)	бандит (м)	[bandít]
assassino (m)	наемен убиец (м)	[naémen ubíets]
drogado (m)	наркоман (м)	[narkomán]
traficante (m)	наркотрафикант (м)	[narkotrafikánt]
prostituta (f)	проститутка (ж)	[prostitútka]
cafetão (m)	сутеньор (м)	[sutenʲór]

bruxo (m)	магьосник (м)	[magʲósnik]
bruxa (f)	магьосница (ж)	[magʲósnitsa]
pirata (m)	пират (м)	[pirát]
escravo (m)	роб (м)	[rop]
samurai (m)	самурай (м)	[samuráj]
selvagem (m)	дивак (м)	[divák]

Educação

94. Escola

escola (f)	училище (с)	[utʃíliʃte]
diretor (m) de escola	директор (м) на училище	[diréktor na utʃíliʃte]
aluno (m)	ученик (м)	[utʃeník]
aluna (f)	ученичка (ж)	[utʃenítʃka]
estudante (m)	ученик (м)	[utʃeník]
estudante (f)	ученичка (ж)	[utʃenítʃka]
ensinar (vt)	уча	[útʃa]
aprender (vt)	уча	[útʃa]
decorar (vt)	уча наизуст	[útʃa naizúst]
estudar (vi)	уча се	[útʃa se]
estar na escola	ходя на училище	[hódʲa na utʃíliʃte]
ir à escola	отивам на училище	[otívam na utʃíliʃte]
alfabeto (m)	алфавит (м)	[alfavít]
disciplina (f)	предмет (м)	[predmét]
sala (f) de aula	клас (м)	[klas]
lição, aula (f)	час (м)	[tʃas]
recreio (m)	междучасие (с)	[meʒdutʃásie]
toque (m)	звънец (м)	[zvɘnéts]
classe (f)	чин (м)	[tʃin]
quadro (m) negro	дъска (ж)	[dɘská]
nota (f)	бележка (ж)	[beléʃka]
boa nota (f)	добра оценка (ж)	[dobrá otsénka]
nota (f) baixa	лоша оценка (ж)	[lóʃa otsénka]
dar uma nota	пиша оценка (ж)	[píʃa otsénka]
erro (m)	грешка (ж)	[gréʃka]
errar (vi)	правя грешки	[právʲa gréʃki]
corrigir (~ um erro)	поправям	[poprávʲam]
cola (f)	пищов (м)	[piʃtóv]
dever (m) de casa	домашно (с)	[domáʃno]
exercício (m)	упражнение (с)	[upraʒnénie]
estar presente	присъствам	[priséstvam]
estar ausente	отсъствам	[otséstvam]
punir (vt)	наказвам	[nakázvam]
punição (f)	наказание (с)	[nakazánie]
comportamento (m)	поведение (с)	[povedénie]
boletim (m) escolar	дневник (м)	[dnévnik]

lápis (m)	молив (м)	[móliv]
borracha (f)	гума (ж)	[gúma]
giz (m)	тебешир (м)	[tebeʃír]
porta-lápis (m)	несесер (м)	[nesesér]

mala, pasta, mochila (f)	раница (ж)	[ránitsa]
caneta (f)	химикалка (ж)	[himikálka]
caderno (m)	тетрадка (ж)	[tetrátka]
livro (m) didático	учебник (м)	[utʃébnik]
compasso (m)	пергел (м)	[pergél]

| traçar (vt) | чертая | [tʃertája] |
| desenho (m) técnico | чертеж (м) | [tʃertéʒ] |

poesia (f)	стихотворение (с)	[stihotvorénie]
de cor	наизуст	[naizúst]
decorar (vt)	уча наизуст	[útʃa naizúst]

férias (f pl)	ваканция (ж)	[vakántsija]
estar de férias	във ваканция съм	[vəf vakántsija səm]
passar as férias	прекарвам ваканция	[prekárvam vakántsija]

teste (m), prova (f)	контролна работа (ж)	[kontrólna rábota]
redação (f)	съчинение (с)	[sətʃinénie]
ditado (m)	диктовка (ж)	[diktófka]

exame (m), prova (f)	изпит (м)	[íspit]
fazer prova	полагам изпити	[polágam íspiti]
experiência (~ química)	опит (м)	[ópit]

95. Colégio. Universidade

academia (f)	академия (ж)	[akadémija]
universidade (f)	университет (м)	[universitét]
faculdade (f)	факултет (м)	[fakultét]

estudante (m)	студент (м)	[studént]
estudante (f)	студентка (ж)	[studéntka]
professor (m)	преподавател (м)	[prepodavátel]

| auditório (m) | аудитория (ж) | [auditórija] |
| graduado (m) | абсолвент (м) | [absolvént] |

| diploma (m) | диплома (ж) | [díploma] |
| tese (f) | дисертация (ж) | [disertátsija] |

| estudo (obra) | изследване (с) | [isslédvane] |
| laboratório (m) | лаборатория (ж) | [laboratórija] |

| palestra (f) | лекция (ж) | [léktsija] |
| colega (m) de curso | състудент (м) | [səstudént] |

| bolsa (f) de estudos | стипендия (ж) | [stipéndija] |
| grau (m) acadêmico | научна степен (ж) | [naútʃna stépen] |

96. Ciências. Disciplinas

matemática (f)	математика (ж)	[matemátika]
álgebra (f)	алгебра (ж)	[álgebra]
geometria (f)	геометрия (ж)	[geométrija]
astronomia (f)	астрономия (ж)	[astronómija]
biologia (f)	биология (ж)	[biológija]
geografia (f)	география (ж)	[geográfija]
geologia (f)	геология (ж)	[geológija]
história (f)	история (ж)	[istórija]
medicina (f)	медицина (ж)	[meditsína]
pedagogia (f)	педагогика (ж)	[pedagógika]
direito (m)	право (с)	[právo]
física (f)	физика (ж)	[fízika]
química (f)	химия (ж)	[hímija]
filosofia (f)	философия (ж)	[filosófija]
psicologia (f)	психология (ж)	[psihológija]

97. Sistema de escrita. Ortografia

gramática (f)	граматика (ж)	[gramátika]
vocabulário (m)	лексика (ж)	[léksika]
fonética (f)	фонетика (ж)	[fonétika]
substantivo (m)	съществително име (с)	[səʃtestvítelno íme]
adjetivo (m)	прилагателно име (с)	[prilagátelno íme]
verbo (m)	глагол (м)	[glagól]
advérbio (m)	наречие (с)	[narétʃie]
pronome (m)	местоимение (с)	[mestoiménie]
interjeição (f)	междуметие (с)	[meʒdumétie]
preposição (f)	предлог (м)	[predlók]
raiz (f)	корен (м) на думата	[kóren na dúmata]
terminação (f)	окончание (с)	[okontʃánie]
prefixo (m)	представка (ж)	[pretstáfka]
sílaba (f)	сричка (ж)	[srítʃka]
sufixo (m)	наставка (ж)	[nastáfka]
acento (m)	ударение (с)	[udarénie]
apóstrofo (f)	апостроф (м)	[apostróf]
ponto (m)	точка (ж)	[tótʃka]
vírgula (f)	запетая (ж)	[zapetája]
ponto e vírgula (m)	точка (ж) и запетая	[tótʃka i zapetája]
dois pontos (m pl)	двоеточие (с)	[dvoetótʃie]
reticências (f pl)	многоточие (с)	[mnogotótʃie]
ponto (m) de interrogação	въпросителен знак (м)	[vəprosítelen znák]
ponto (m) de exclamação	удивителна (ж)	[udivítelna]

aspas (f pl)	кавички (мн)	[kavítʃki]
entre aspas	в кавички	[v kavítʃki]
parênteses (m pl)	скоби (ж мн)	[skóbi]
entre parênteses	в скоби	[v skóbi]

hífen (m)	дефис (м)	[defís]
travessão (m)	тире (с)	[tiré]
espaço (m)	бяло поле (с)	[bʲálo polé]

letra (f)	буква (ж)	[búkva]
letra (f) maiúscula	главна буква (ж)	[glávna búkva]

vogal (f)	гласен звук (м)	[glásen zvuk]
consoante (f)	съгласен звук (м)	[səglásen zvuk]

frase (f)	изречение (с)	[izretʃénie]
sujeito (m)	подлог (м)	[pódlok]
predicado (m)	сказуемо (с)	[skazúemo]

linha (f)	ред (м)	[ret]
em uma nova linha	от нов ред	[ot nóv ret]
parágrafo (m)	абзац (м)	[abzáts]

palavra (f)	дума (ж)	[dúma]
grupo (m) de palavras	словосъчетание (с)	[slovo·sətʃetánie]
expressão (f)	израз (м)	[ízraz]
sinônimo (m)	синоним (м)	[sinoním]
antônimo (m)	антоним (м)	[antoním]

regra (f)	правило (с)	[právilo]
exceção (f)	изключение (с)	[izklʲutʃénie]
correto (adj)	верен	[véren]

conjugação (f)	спрежение (с)	[spreʒénie]
declinação (f)	склонение (с)	[sklonénie]
caso (m)	падеж (м)	[padéʒ]
pergunta (f)	въпрос (м)	[vəprós]
sublinhar (vt)	подчертая	[podtʃertája]
linha (f) pontilhada	пунктир (м)	[punktír]

98. Línguas estrangeiras

língua (f)	език (м)	[ezík]
estrangeiro (adj)	чужд	[tʃuʒd]
língua (f) estrangeira	чужд език (м)	[tʃuʒd ezík]
estudar (vt)	изучавам	[izutʃávam]
aprender (vt)	уча	[útʃa]

ler (vt)	чета	[tʃeta]
falar (vi)	говоря	[govórʲa]
entender (vt)	разбирам	[razbíram]
escrever (vt)	пиша	[píʃa]
rapidamente	бързо	[bérzo]
devagar, lentamente	бавно	[bávno]

fluentemente	свободно	[svobódno]
regras (f pl)	правила (с мн)	[pravilá]
gramática (f)	граматика (ж)	[gramátika]
vocabulário (m)	лексика (ж)	[léksika]
fonética (f)	фонетика (ж)	[fonétika]
livro (m) didático	учебник (м)	[utʃébnik]
dicionário (m)	речник (м)	[rétʃnik]
manual (m) autodidático	самоучител (м)	[samoutʃítel]
guia (m) de conversação	разговорник (м)	[razgovórnik]
fita (f) cassete	касета (ж)	[kaséta]
videoteipe (m)	видеокасета (ж)	[video·kaséta]
CD (m)	CD диск (м)	[sidí disk]
DVD (m)	DVD (м)	[dividí]
alfabeto (m)	алфавит (м)	[alfavít]
soletrar (vt)	спелувам	[spelúvam]
pronúncia (f)	произношение (с)	[proiznoʃénie]
sotaque (m)	акцент (м)	[aktsént]
com sotaque	с акцент	[s aktsént]
sem sotaque	без акцент	[bez aktsént]
palavra (f)	дума (ж)	[dúma]
sentido (m)	смисъл (м)	[smísəl]
curso (m)	курсове (м мн)	[kúrsove]
inscrever-se (vr)	запиша се	[zapíʃa se]
professor (m)	преподавател (м)	[prepodavátel]
tradução (processo)	превод (м)	[prévot]
tradução (texto)	превод (м)	[prévot]
tradutor (m)	преводач (м)	[prevodátʃ]
intérprete (m)	преводач (м)	[prevodátʃ]
poliglota (m)	полиглот (м)	[poliglót]
memória (f)	памет (ж)	[pámet]

Descanso. Entretenimento. Viagens

99. Viagens

turismo (m)	туризъм (м)	[turízəm]
turista (m)	турист (м)	[turíst]
viagem (f)	пътешествие (c)	[pəteʃéstvie]
aventura (f)	приключение (c)	[priklʲutʃénie]
percurso (curta viagem)	пътуване (c)	[pətúvane]
férias (f pl)	отпуска (ж)	[ótpuska]
estar de férias	бъда в отпуска	[béda v ótpuska]
descanso (m)	почивка (ж)	[potʃífka]
trem (m)	влак (м)	[vlak]
de trem (chegar ~)	с влак	[s vlak]
avião (m)	самолет (м)	[samolét]
de avião	със самолет	[səs samolét]
de carro	с кола	[s kolá]
de navio	с кораб	[s kórap]
bagagem (f)	багаж (м)	[bagáʃ]
mala (f)	куфар (м)	[kúfar]
carrinho (m)	количка (ж) за багаж	[kolítʃka za bagáʃ]
passaporte (m)	паспорт (м)	[paspórt]
visto (m)	виза (ж)	[víza]
passagem (f)	билет (м)	[bilét]
passagem (f) aérea	самолетен билет (м)	[samoléten bilét]
guia (m) de viagem	пътеводител (м)	[pətevodítel]
mapa (m)	карта (ж)	[kárta]
área (f)	местност (ж)	[méstnost]
lugar (m)	място (c)	[mʲásto]
exotismo (m)	екзотика (ж)	[ekzótika]
exótico (adj)	екзотичен	[ekzotítʃen]
surpreendente (adj)	удивителен	[udivítelen]
grupo (m)	група (ж)	[grúpa]
excursão (f)	екскурзия (ж)	[ekskúrzija]
guia (m)	гид (м)	[git]

100. Hotel

hotel (m)	хотел (м)	[hotél]
motel (m)	мотел (м)	[motél]
três estrelas	три звезди	[tri zvezdí]

cinco estrelas	пет звезди	[pet zvezdí]
ficar (vi, vt)	отсядам	[otsʲádam]
quarto (m)	стая (ж) в хотел	[stája f hotél]
quarto (m) individual	единична стая (ж)	[edinítʃna stája]
quarto (m) duplo	двойна стая (ж)	[dvójna stája]
reservar um quarto	резервирам стая	[rezervíram stája]
meia pensão (f)	полупансион (м)	[polupansión]
pensão (f) completa	пълен пансион (м)	[pélen pansión]
com banheira	с баня	[s bánʲa]
com chuveiro	с душ	[s duʃ]
televisão (m) por satélite	сателитна телевизия (ж)	[satelítna televízija]
ar (m) condicionado	климатик (м)	[klimatík]
toalha (f)	кърпа (ж)	[kérpa]
chave (f)	ключ (м)	[klʲutʃ]
administrador (m)	администратор (м)	[administrátor]
camareira (f)	камериерка (ж)	[kameriérka]
bagageiro (m)	носач (м)	[nosátʃ]
porteiro (m)	портиер (м)	[portiér]
restaurante (m)	ресторант (м)	[restoránt]
bar (m)	бар (м)	[bar]
café (m) da manhã	закуска (ж)	[zakúska]
jantar (m)	вечеря (ж)	[vetʃérʲa]
bufê (m)	шведска маса (ж)	[ʃvétska mása]
saguão (m)	вестибюл (м)	[vestibʲúl]
elevador (m)	асансьор (м)	[asansʲór]
NÃO PERTURBE	НЕ МЕ БЕЗПОКОЙТЕ!	[ne me bespokójte]
PROIBIDO FUMAR!	ПУШЕНЕТО ЗАБРАНЕНО!	[puʃenéto zabráneno]

EQUIPAMENTO TÉCNICO. TRANSPORTES

Equipamento técnico. Transportes

101. Computador

computador (m)	компютър (м)	[komplútər]
computador (m) portátil	лаптоп (м)	[laptóp]
ligar (vt)	включа	[fkllútʃa]
desligar (vt)	изключа	[iskllútʃa]
teclado (m)	клавиатура (ж)	[klaviatúra]
tecla (f)	клавиш (м)	[klavíʃ]
mouse (m)	мишка (ж)	[míʃka]
tapete (m) para mouse	подложка (ж) за мишка	[podlóʃka za míʃka]
botão (m)	бутон (м)	[butón]
cursor (m)	курсор (м)	[kursór]
monitor (m)	монитор (м)	[monítor]
tela (f)	екран (м)	[ekrán]
disco (m) rígido	твърд диск (м)	[tvérd dísk]
capacidade (f) do disco rígido	капацитет (м) на твърдия диск	[kapatsitét na tvérdija disk]
memória (f)	памет (ж)	[pámet]
memória RAM (f)	операционна памет (ж)	[operatsiónna pámet]
arquivo (m)	файл (м)	[fajl]
pasta (f)	папка (ж)	[pápka]
abrir (vt)	отворя	[otvórla]
fechar (vt)	затворя	[zatvórla]
salvar (vt)	съхраня	[səhranlá]
deletar (vt)	изтрия	[istríja]
copiar (vt)	копирам	[kopíram]
ordenar (vt)	сортирам	[sortíram]
copiar (vt)	копира	[kopíra]
programa (m)	програма (ж)	[prográma]
software (m)	софтуер (м)	[softuér]
programador (m)	програмист (м)	[programíst]
programar (vt)	програмирам	[programíram]
hacker (m)	хакер (м)	[háker]
senha (f)	парола (ж)	[paróla]
vírus (m)	вирус (м)	[vírus]
detectar (vt)	намеря	[namérla]

| byte (m) | байт (м) | [bajt] |
| megabyte (m) | мегабайт (м) | [megabájt] |

| dados (m pl) | данни (мн) | [dánni] |
| base (f) de dados | база (ж) данни | [báza dánni] |

cabo (m)	кабел (м)	[kábel]
desconectar (vt)	разединя	[razedinʲá]
conectar (vt)	съединя	[səedinʲá]

102. Internet. E-mail

internet (f)	интернет (м)	[internét]
browser (m)	браузър (м)	[bráuzər]
motor (m) de busca	търсачка (ж)	[tərsátʃka]
provedor (m)	интернет доставчик (м)	[ínternet dostáftʃik]

webmaster (m)	уеб майстор (м)	[web májstor]
website (m)	уеб сайт (м)	[web sajt]
web page (f)	уеб страница (ж)	[web stránitsa]

| endereço (m) | адрес (м) | [adrés] |
| livro (m) de endereços | адресна книга (ж) | [adrésna kníga] |

caixa (f) de correio	пощенска кутия (ж)	[póʃtenska kutíja]
correio (m)	поща (ж)	[póʃta]
cheia (caixa de correio)	препълнен	[prepólnen]

mensagem (f)	съобщение (с)	[səobʃténie]
mensagens (f pl) recebidas	входящи съобщения (с мн)	[fhodʲáʃti səobʃténija]
mensagens (f pl) enviadas	изходящи съобщения (с мн)	[ishodʲáʃti səobʃténija]
remetente (m)	подател (м)	[podátel]
enviar (vt)	изпратя	[isprátʲa]
envio (m)	изпращане (с)	[ispráʃtane]

| destinatário (m) | получател (м) | [polutʃátel] |
| receber (vt) | получа | [polútʃa] |

| correspondência (f) | кореспонденция (ж) | [korespondéntsija] |
| corresponder-se (vr) | кореспондирам | [korespondíram] |

arquivo (m)	файл (м)	[fajl]
fazer download, baixar (vt)	свалям	[sválʲam]
criar (vt)	създам	[səzdám]
deletar (vt)	изтрия	[istríja]
deletado (adj)	изтрит	[istrít]

conexão (f)	връзка (ж)	[vréska]
velocidade (f)	скорост (ж)	[skórost]
modem (m)	модем (м)	[modém]
acesso (m)	достъп (м)	[dóstəp]
porta (f)	порт (м)	[port]
conexão (f)	връзка (ж)	[vréska]
conectar (vi)	се свържа с ...	[se svérʒa s]

| escolher (vt) | избера | [izberá] |
| buscar (vt) | търся | [térsʲa] |

103. Eletricidade

eletricidade (f)	електричество (c)	[elektrítʃestvo]
elétrico (adj)	електрически	[elektrítʃeski]
planta (f) elétrica	електроцентрала (ж)	[elektro·tsentrála]
energia (f)	енергия (ж)	[enérgija]
energia (f) elétrica	електроенергия (ж)	[elektro·enérgija]

lâmpada (f)	крушка (ж)	[krúʃka]
lanterna (f)	фенер (м)	[fenér]
poste (m) de iluminação	фенер (м)	[fenér]

luz (f)	електричество (c)	[elektrítʃestvo]
ligar (vt)	включвам	[fklʲútʃvam]
desligar (vt)	изключвам	[isklʲútʃvam]
apagar a luz	изключвам ток	[isklʲútʃvam tok]

queimar (vi)	прегоря	[pregorʲá]
curto-circuito (m)	късо съединение (c)	[késo səedinénie]
ruptura (f)	прекъсване (c)	[prekésvane]
contato (m)	контакт (м)	[kontákt]

interruptor (m)	изключвател (м)	[izklʲutʃvátel]
tomada (de parede)	контакт (м)	[kontákt]
plugue (m)	щепсел (м)	[ʃtépsel]
extensão (f)	удължител (м)	[udəʒítel]

fusível (m)	предпазител (м)	[predpázitel]
fio, cabo (m)	кабел (м)	[kábel]
instalação (f) elétrica	инсталация (ж)	[instalátsija]

ampère (m)	ампер (м)	[ampér]
amperagem (f)	сила (ж) на тока	[síla na tóka]
volt (m)	волт (м)	[volt]
voltagem (f)	напрежение (c)	[napreʒénie]

| aparelho (m) elétrico | електроуред (м) | [elektroúret] |
| indicador (m) | индикатор (м) | [indikátor] |

eletricista (m)	електротехник (м)	[elektrotehník]
soldar (vt)	запоявам	[zapojávam]
soldador (m)	поялник (м)	[pojálnik]
corrente (f) elétrica	ток (м)	[tok]

104. Ferramentas

ferramenta (f)	инструмент (м)	[instrumént]
ferramentas (f pl)	инструменти (м мн)	[instruménti]
equipamento (m)	оборудване (c)	[oborúdvane]

martelo (m)	чук (м)	[tʃuk]
chave (f) de fenda	отвертка (ж)	[otvértka]
machado (m)	брадва (ж)	[brádva]

serra (f)	трион (м)	[trión]
serrar (vt)	режа с трион	[réʒa s trión]
plaina (f)	ренде (с)	[rendé]
aplainar (vt)	рендосвам	[rendósvam]
soldador (m)	поялник (м)	[pojálnik]
soldar (vt)	запоявам	[zapojávam]

lima (f)	пила (ж)	[pilá]
tenaz (f)	клещи (мн)	[kléʃti]
alicate (m)	плоски клещи (мн)	[plóski kléʃti]
formão (m)	длето (с)	[dletó]

broca (f)	свредел (с)	[svredél]
furadeira (f) elétrica	дрелка (ж)	[drélka]
furar (vt)	пробивам с дрелка	[probívam s drélka]

faca (f)	нож (м)	[noʒ]
canivete (m)	сгъваем нож (м)	[sgəváem noʒ]
lâmina (f)	острие (с)	[ostrié]

afiado (adj)	остър	[óstər]
cego (adj)	тъп	[təp]
embotar-se (vr)	затъпявам се	[zatəpʲávam se]
afiar, amolar (vt)	точа	[tótʃa]

parafuso (m)	болт (м)	[bolt]
porca (f)	гайка (ж)	[gájka]
rosca (f)	резба (ж)	[rezbá]
parafuso (para madeira)	винт (м)	[vint]

| prego (m) | пирон (м) | [pirón] |
| cabeça (f) do prego | глава (ж) | [glavá] |

régua (f)	линийка (ж)	[línijka]
fita (f) métrica	рулетка (ж)	[rulétka]
nível (m)	нивелир (с)	[nivelír]
lupa (f)	лупа (ж)	[lúpa]

medidor (m)	измервателен уред (м)	[izmervátelen úret]
medir (vt)	измервам	[izmérvam]
escala (f)	скала (ж)	[skála]
indicação (f), registro (m)	показание (с)	[pokazánie]

| compressor (m) | компресор (м) | [komprésor] |
| microscópio (m) | микроскоп (м) | [mikroskóp] |

bomba (f)	помпа (ж)	[pómpa]
robô (m)	робот (м)	[robót]
laser (m)	лазер (м)	[lázer]

| chave (f) de boca | гаечен ключ (м) | [gáetʃen klʲutʃ] |
| fita (f) adesiva | тиксо (с) | [tíkso] |

cola (f)	лепило (c)	[lepílo]
lixa (f)	шмиргелова хартия (ж)	[ʃmírgelova hartíja]
mola (f)	пружина (ж)	[pruʒína]
ímã (m)	магнит (м)	[magnít]
luva (f)	ръкавици (ж мн)	[rǝkavítsi]

corda (f)	въже (c)	[vǝʒé]
cabo (~ de nylon, etc.)	шнур (м)	[ʃnur]
fio (m)	кабел (м)	[kábel]
cabo (~ elétrico)	кабел (м)	[kábel]

marreta (f)	боен чук (м)	[bóen tʃuk]
pé de cabra (m)	лом (м)	[lom]
escada (f) de mão	стълба (ж)	[stélba]
escada (m)	подвижна стълба (ж)	[podvíʒna stélba]

enroscar (vt)	завъртам	[zavértam]
desenroscar (vt)	отвъртам	[otvértam]
apertar (vt)	притискам	[pritískam]
colar (vt)	залепвам	[zalépvam]
cortar (vt)	режа	[réʒa]

falha (f)	неизправност (ж)	[neisprávnost]
conserto (m)	поправка (ж)	[popráfka]
consertar, reparar (vt)	ремонтирам	[remontíram]
regular, ajustar (vt)	регулирам	[regulíram]

verificar (vt)	проверявам	[proverʲávam]
verificação (f)	проверка (ж)	[provérka]
indicação (f), registro (m)	показание (c)	[pokazánie]

seguro (adj)	сигурен	[síguren]
complicado (adj)	сложен	[slóʒen]

enferrujar (vi)	ръждясвам	[rǝʒdʲásvam]
enferrujado (adj)	ръждясал	[rǝʒdʲásal]
ferrugem (f)	ръжда (ж)	[rǝʒdá]

Transportes

105. Avião

avião (m)	самолет (м)	[samolét]
passagem (f) aérea	самолетен билет (м)	[samoléten bilét]
companhia (f) aérea	авиокомпания (ж)	[aviokompánija]
aeroporto (m)	летище (с)	[letíʃte]
supersônico (adj)	свръхзвуков	[svrəh·zvúkov]
comandante (m) do avião	командир (м) на самолет	[komandír na samolét]
tripulação (f)	екипаж (м)	[ekipáʒ]
piloto (m)	пилот (м)	[pilót]
aeromoça (f)	стюардеса (ж)	[stʲuardésa]
copiloto (m)	щурман (м)	[ʃtúrman]
asas (f pl)	крила (мн)	[krilá]
cauda (f)	опашка (ж)	[opáʃka]
cabine (f)	кабина (ж)	[kabína]
motor (m)	двигател (м)	[dvigátel]
trem (m) de pouso	шаси (мн)	[ʃasí]
turbina (f)	турбина (ж)	[turbína]
hélice (f)	перка (ж)	[pérka]
caixa-preta (f)	черна кутия (ж)	[tʃérna kutíja]
coluna (f) de controle	кормило (с)	[kormílo]
combustível (m)	гориво (с)	[gorívo]
instruções (f pl) de segurança	инструкция (ж)	[instrúktsija]
máscara (f) de oxigênio	кислородна маска (ж)	[kisloródna máska]
uniforme (m)	униформа (ж)	[unifórma]
colete (m) salva-vidas	спасителна жилетка (ж)	[spasítelna ʒilétka]
paraquedas (m)	парашут (м)	[paraʃút]
decolagem (f)	излитане (с)	[izlítane]
descolar (vi)	излитам	[izlítam]
pista (f) de decolagem	писта (ж) за излитане	[písta za izlítane]
visibilidade (f)	видимост (ж)	[vídimost]
voo (m)	полет (м)	[pólet]
altura (f)	височина (ж)	[visotʃiná]
poço (m) de ar	въздушна яма (ж)	[vəzdúʃna jáma]
assento (m)	място (с)	[mʲásto]
fone (m) de ouvido	слушалки (ж мн)	[sluʃálki]
mesa (f) retrátil	прибираща се масичка (ж)	[pribíraʃta se másitʃka]
janela (f)	илюминатор (м)	[ilʲuminátor]
corredor (m)	проход (м)	[próhot]

106. Comboio

trem (m)	влак (м)	[vlak]
trem (m) elétrico	електрически влак (м)	[elektrítʃeski vlak]
trem (m)	бърз влак (м)	[bérz vlak]
locomotiva (f) diesel	дизелов локомотив (м)	[dízelof lokomotíf]
locomotiva (f) a vapor	парен локомотив (м)	[páren lokomotíf]
vagão (f) de passageiros	вагон (м)	[vagón]
vagão-restaurante (m)	вагон-ресторант (м)	[vagón-restoránt]
carris (m pl)	релси (ж мн)	[rélsi]
estrada (f) de ferro	железница (ж)	[ʒeléznitsa]
travessa (f)	траверса (ж)	[travérsa]
plataforma (f)	платформа (ж)	[platfórma]
linha (f)	коловоз (м)	[kolovós]
semáforo (m)	семафор (м)	[semafór]
estação (f)	гара (ж)	[gára]
maquinista (m)	машинист (м)	[maʃiníst]
bagageiro (m)	носач (м)	[nosátʃ]
hospedeiro, -a (m, f)	стюард (м)	[stʲuárt]
passageiro (m)	пътник (м)	[pétnik]
revisor (m)	контрольор (м)	[kontrolʲór]
corredor (m)	коридор (м)	[koridór]
freio (m) de emergência	аварийна спирачка (ж)	[avaríjna spirátʃka]
compartimento (m)	купе (с)	[kupé]
cama (f)	легло (с)	[legló]
cama (f) de cima	горно легло (с)	[górno legló]
cama (f) de baixo	долно легло (с)	[dólno legló]
roupa (f) de cama	спално бельо (с)	[spálno belʲó]
passagem (f)	билет (м)	[bilét]
horário (m)	разписание (с)	[raspisánie]
painel (m) de informação	табло (с)	[tabló]
partir (vt)	заминавам	[zaminávam]
partida (f)	заминаване (с)	[zaminávane]
chegar (vi)	пристигам	[pristígam]
chegada (f)	пристигане (с)	[pristígane]
chegar de trem	пристигна с влак	[pristígna s vlak]
pegar o trem	качвам се във влак	[kátʃvam se vef vlak]
descer de trem	слизам от влак	[slízam ot vlak]
acidente (m) ferroviário	катастрофа (ж)	[katastrófa]
descarrilar (vi)	дерайлирам	[derajlíram]
locomotiva (f) a vapor	парен локомотив (м)	[páren lokomotíf]
foguista (m)	огняр (м)	[ognʲár]
fornalha (f)	пещ (м) на локомотив	[peʃt na lokomotíf]
carvão (m)	въглища (ж)	[végliʃta]

107. Barco

| navio (m) | кораб (м) | [kórap] |
| embarcação (f) | плавателен съд (м) | [plavátelen sət] |

barco (m) a vapor	параход (м)	[parahót]
barco (m) fluvial	моторен кораб (м)	[motóren kórap]
transatlântico (m)	рейсов кораб (м)	[réjsov kórap]
cruzeiro (m)	крайцер (м)	[krájtser]

iate (m)	яхта (ж)	[jáhta]
rebocador (m)	влекач (м)	[vlekátʃ]
barcaça (f)	шлеп (м)	[ʃlep]
ferry (m)	сал (м)	[sal]

| veleiro (m) | платноходка (ж) | [platnohótka] |
| bergantim (m) | бригантина (ж) | [brigantína] |

| quebra-gelo (m) | ледоразбивач (м) | [ledo·razbivátʃ] |
| submarino (m) | подводница (ж) | [podvódnitsa] |

bote, barco (m)	лодка (ж)	[lótka]
baleeira (bote salva-vidas)	лодка (ж)	[lótka]
bote (m) salva-vidas	спасителна лодка (ж)	[spasítelna lótka]
lancha (f)	катер (м)	[káter]

capitão (m)	капитан (м)	[kapitán]
marinheiro (m)	матрос (м)	[matrós]
marujo (m)	моряк (м)	[morʲák]
tripulação (f)	екипаж (м)	[ekipáʒ]

contramestre (m)	боцман (м)	[bótsman]
grumete (m)	юнга (м)	[júnga]
cozinheiro (m) de bordo	корабен готвач (м)	[kóraben gotvátʃ]
médico (m) de bordo	корабен лекар (м)	[kóraben lékar]

convés (m)	палуба (ж)	[páluba]
mastro (m)	мачта (ж)	[mátʃta]
vela (f)	корабно платно (с)	[kórabno platnó]

porão (m)	трюм (м)	[trʲum]
proa (f)	нос (м)	[nos]
popa (f)	кърма (ж)	[kərmá]
remo (m)	гребло (с)	[grebl600]
hélice (f)	витло (с)	[vitló]

cabine (m)	каюта (ж)	[kajúta]
sala (f) dos oficiais	каюткомпания (ж)	[kajut kompánija]
sala (f) das máquinas	машинно отделение (с)	[maʃínno otdelénie]
ponte (m) de comando	капитански мостик (м)	[kapitánski móstik]
sala (f) de comunicações	радиобудка (ж)	[rádiobútka]
onda (f)	вълна (ж)	[vəlná]
diário (m) de bordo	корабен дневник (м)	[kóraben dnévnik]
luneta (f)	далекоглед (м)	[dalekoglét]
sino (m)	камбана (ж)	[kambána]

bandeira (f)	знаме (c)	[známe]
cabo (m)	дебело въже (c)	[debélo vəʒé]
nó (m)	възел (м)	[vézel]

| corrimão (m) | дръжка (ж) | [dréʃka] |
| prancha (f) de embarque | трап (м) | [trap] |

âncora (f)	котва (ж)	[kótva]
recolher a âncora	вдигна котва	[vdígna kótva]
jogar a âncora	хвърля котва	[hvérlˈa kótva]
amarra (corrente de âncora)	котвена верига (ж)	[kótvena veríga]

porto (m)	пристанище (c)	[pristániʃte]
cais, amarradouro (m)	кей (м)	[kej]
atracar (vi)	акостирам	[akostíram]
desatracar (vi)	отплувам	[otplúvam]

viagem (f)	пътешествие (c)	[pəteʃéstvie]
cruzeiro (m)	морско пътешествие (c)	[mórsko pəteʃéstvie]
rumo (m)	курс (м)	[kurs]
itinerário (m)	маршрут (м)	[marʃrút]

canal (m) de navegação	фарватер (м)	[farváter]
banco (m) de areia	плитчина (ж)	[plittʃiná]
encalhar (vt)	заседна на плитчина	[zasédna na plittʃiná]

tempestade (f)	буря (ж)	[búrˈa]
sinal (m)	сигнал (м)	[signál]
afundar-se (vr)	потъвам	[potévam]
SOS	SOS	[sos]
boia (f) salva-vidas	спасителен пояс (м)	[spasítilen pójas]

108. Aeroporto

aeroporto (m)	летище (c)	[letíʃte]
avião (m)	самолет (м)	[samolét]
companhia (f) aérea	авиокомпания (ж)	[aviokompánija]
controlador (m) de tráfego aéreo	авиодиспечер (м)	[aviodispétʃer]

partida (f)	излитане (c)	[izlítane]
chegada (f)	кацане (c)	[kátsane]
chegar (vi)	кацна	[kátsna]

| hora (f) de partida | време (c) на излитане | [vréme na izlítane] |
| hora (f) de chegada | време (c) на кацане | [vréme na kátsane] |

| estar atrasado | закъснявам | [zakəsnˈávam] |
| atraso (m) de voo | закъснение (c) на излитане | [zakəsnénie na izlítane] |

painel (m) de informação	информационно табло (c)	[informatsiónno tabló]
informação (f)	информация (ж)	[informátsija]
anunciar (vt)	обявявам	[obˈavˈávam]
voo (m)	рейс (м)	[rejs]

alfândega (f)	митница (ж)	[mítnitsa]
funcionário (m) da alfândega	митничар (м)	[mitnitʃár]
declaração (f) alfandegária	декларация (ж)	[deklarátsija]
preencher (vt)	попълня	[popélnʲa]
preencher a declaração	попълня декларация	[popélnʲa deklarátsija]
controle (m) de passaporte	паспортен контрол (м)	[paspórten kontról]
bagagem (f)	багаж (м)	[bagáʃ]
bagagem (f) de mão	ръчен багаж (м)	[rétʃen bagáʃ]
carrinho (m)	количка (ж)	[kolítʃka]
pouso (m)	кацане (с)	[kátsane]
pista (f) de pouso	писта (ж) за кацане	[písta za kátsane]
aterrissar (vi)	кацам	[kátsam]
escada (f) de avião	стълба (ж)	[stólba]
check-in (m)	регистрация (ж)	[registrátsija]
balcão (m) do check-in	гише (с) за регистрация	[giʃé za registrátsija]
fazer o check-in	регистрирам се	[registríram se]
cartão (m) de embarque	бордна карта (ж)	[bórdna kárta]
portão (m) de embarque	излизане (с)	[izlízane]
trânsito (m)	транзит (м)	[tranzít]
esperar (vi, vt)	чакам	[tʃákam]
sala (f) de espera	чакалня (ж)	[tʃakálnʲa]
despedir-se (acompanhar)	изпращам	[ispráʃtam]
despedir-se (dizer adeus)	сбогувам се	[sbogúvam se]

Eventos

109. Férias. Evento

festa (f)	празник (м)	[práznik]
feriado (m) nacional	национален празник (м)	[natsionálen práznik]
feriado (m)	празничен ден (м)	[práznitʃen den]
festejar (vt)	празнувам	[praznúvam]

evento (festa, etc.)	събитие (с)	[səbítie]
evento (banquete, etc.)	мероприятие (с)	[meroprijátie]
banquete (m)	банкет (м)	[bankét]
recepção (f)	прием (м)	[príem]
festim (m)	пир (м)	[pir]

aniversário (m)	годишнина (ж)	[godíʃnina]
jubileu (m)	юбилей (м)	[jubiléj]
celebrar (vt)	отбележа	[otbeléʒa]

Ano (m) Novo	Нова година (ж)	[nóva godína]
Feliz Ano Novo!	Честита нова година!	[tʃestíta nóva godína]

Natal (m)	Коледа	[kóleda]
Feliz Natal!	Весела Коледа!	[vésela kóleda]
árvore (f) de Natal	коледна елха (ж)	[kóledna elhá]
fogos (m pl) de artifício	заря (ж)	[zarʲá]

casamento (m)	сватба (ж)	[svátba]
noivo (m)	годеник (м)	[godeník]
noiva (f)	годеница (ж)	[godenítsa]

convidar (vt)	каня	[kánʲa]
convite (m)	покана (ж)	[pokána]

convidado (m)	гост (м)	[gost]
visitar (vt)	отивам на гости	[otívam na gósti]
receber os convidados	посрещам гости	[posréʃtam gósti]

presente (m)	подарък (м)	[podárək]
oferecer, dar (vt)	подарявам	[podarʲávam]
receber presentes	получавам подаръци	[polutʃávam podárətsi]
buquê (m) de flores	букет (м)	[bukét]

felicitações (f pl)	поздравление (с)	[pozdravlénie]
felicitar (vt)	поздравявам	[pozdravʲávam]

cartão (m) de parabéns	поздравителна картичка (ж)	[pozdravítelna kártitʃka]
enviar um cartão postal	изпратя картичка	[isprátʲa kártitʃka]
receber um cartão postal	получа картичка	[polútʃa kártitʃka]

brinde (m)	тост (м)	[tost]
oferecer (vt)	черпя	[tʃérpʲa]
champanhe (m)	шампанско (c)	[ʃampánsko]

divertir-se (vr)	веселя се	[veselʲá se]
diversão (f)	веселба (ж)	[veselbá]
alegria (f)	радост (ж)	[rádost]

| dança (f) | танц (м) | [tants] |
| dançar (vi) | танцувам | [tantsúvam] |

| valsa (f) | валс (м) | [vals] |
| tango (m) | танго (c) | [tangó] |

110. Funerais. Enterro

cemitério (m)	гробища (мн)	[gróbiʃta]
sepultura (f), túmulo (m)	гроб (м)	[grop]
cruz (f)	кръст (м)	[krəst]
lápide (f)	надгробен паметник (м)	[nadgróben pámetnik]
cerca (f)	ограда (ж)	[ográda]
capela (f)	параклис (м)	[paráklis]

morte (f)	смърт (ж)	[smərt]
morrer (vi)	умра	[umrá]
defunto (m)	покойник (м)	[pokójnik]
luto (m)	траур (м)	[tráur]

enterrar, sepultar (vt)	погребвам	[pogrébvam]
funerária (f)	погребални услуги (мн)	[pogrebálni uslúgi]
funeral (m)	погребение (c)	[pogrebénie]

coroa (f) de flores	венец (м)	[venéts]
caixão (m)	ковчег (м)	[koftʃék]
carro (m) funerário	катафалка (ж)	[katafálka]
mortalha (f)	саван (м)	[saván]

procissão (f) funerária	погребално шествие (c)	[pogrebálno ʃéstvie]
urna (f) funerária	урна (ж)	[úrna]
crematório (m)	крематориум (м)	[krematórium]

obituário (m), necrologia (f)	некролог (м)	[nekrolók]
chorar (vi)	плача	[plátʃa]
soluçar (vi)	ридая	[ridája]

111. Guerra. Soldados

pelotão (m)	взвод (м)	[vzvot]
companhia (f)	рота (ж)	[róta]
regimento (m)	полк (м)	[polk]
exército (m)	армия (ж)	[ármija]
divisão (f)	дивизия (ж)	[divízija]

| esquadrão (m) | отряд (м) | [otrʲát] |
| hoste (f) | войска (ж) | [vojská] |

| soldado (m) | войник (м) | [vojník] |
| oficial (m) | офицер (м) | [ofitsér] |

soldado (m) raso	редник (м)	[rédnik]
sargento (m)	сержант (м)	[serʒánt]
tenente (m)	лейтенант (м)	[lejtenánt]
capitão (m)	капитан (м)	[kapitán]
major (m)	майор (м)	[majór]
coronel (m)	полковник (м)	[polkóvnik]
general (m)	генерал (м)	[generál]

marujo (m)	моряк (м)	[morʲák]
capitão (m)	капитан (м)	[kapitán]
contramestre (m)	боцман (м)	[bótsman]
artilheiro (m)	артилерист (м)	[artileríst]
soldado (m) paraquedista	десантчик (м)	[desánttʃik]
piloto (m)	летец (м)	[letéts]
navegador (m)	щурман (м)	[ʃtúrman]
mecânico (m)	механик (м)	[mehánik]

sapador-mineiro (m)	сапьор (м)	[sapʲór]
paraquedista (m)	парашутист (м)	[paraʃutíst]
explorador (m)	разузнавач (м)	[razuznavátʃ]
atirador (m) de tocaia	снайперист (м)	[snajperíst]

patrulha (f)	патрул (м)	[patrúl]
patrulhar (vt)	патрулирам	[patrulíram]
sentinela (f)	часови (м)	[tʃasoví]
guerreiro (m)	войник (м)	[vojník]
patriota (m)	патриот (м)	[patriót]
herói (m)	герой (м)	[gerój]
heroína (f)	героиня (ж)	[geroínʲa]

| traidor (m) | предател (м) | [predátel] |
| trair (vt) | предавам | [predávam] |

| desertor (m) | дезертьор (м) | [dezertʲór] |
| desertar (vt) | дезертирам | [dezertíram] |

mercenário (m)	наемник (м)	[naémnik]
recruta (m)	новобранец (м)	[novobránets]
voluntário (m)	доброволец (м)	[dobrovólets]

morto (m)	убит (м)	[ubít]
ferido (m)	ранен (м)	[ranén]
prisioneiro (m) de guerra	пленник (м)	[plénnik]

112. Guerra. Ações militares. Parte 1

| guerra (f) | война (ж) | [vojná] |
| guerrear (vt) | воювам | [vojúvam] |

guerra (f) civil	гражданска война (ж)	[gráʒdanska vojná]
perfidamente	вероломно	[verolómno]
declaração (f) de guerra	обявяване (c)	[objavʲávane]
declarar guerra	обявя	[objavʲá]
agressão (f)	агресия (ж)	[agrésija]
atacar (vt)	нападам	[napádam]
invadir (vt)	завземам	[zavzémam]
invasor (m)	окупатор (м)	[okupátor]
conquistador (m)	завоевател (м)	[zavoevátel]
defesa (f)	отбрана (ж)	[otbrána]
defender (vt)	отбранявам	[otbranʲávam]
defender-se (vr)	отбранявам се	[otbranʲávam se]
inimigo (m)	враг (м)	[vrak]
adversário (m)	противник (м)	[protívnik]
inimigo (adj)	вражески	[vráʒeski]
estratégia (f)	стратегия (ж)	[stratégija]
tática (f)	тактика (ж)	[táktika]
ordem (f)	заповед (ж)	[zápovet]
comando (m)	команда (ж)	[kománda]
ordenar (vt)	заповядвам	[zapovʲádvam]
missão (f)	задача (ж)	[zadátʃa]
secreto (adj)	секретен	[sekréten]
batalha (f)	сражение (c)	[sraʒénie]
combate (m)	бой (м)	[boj]
ataque (m)	атака (ж)	[atáka]
assalto (m)	щурм (м)	[ʃturm]
assaltar (vt)	щурмувам	[ʃturmúvam]
assédio, sítio (m)	обсада (ж)	[obsáda]
ofensiva (f)	настъпление (c)	[nastəplénie]
tomar à ofensiva	настъпвам	[nastə́pvam]
retirada (f)	отстъпление (c)	[otstəplénie]
retirar-se (vr)	отстъпвам	[otstə́pvam]
cerco (m)	обкръжение (c)	[opkrəʒénie]
cercar (vt)	обкръжавам	[opkrəʒávam]
bombardeio (m)	бомбардиране (c)	[bombardírane]
lançar uma bomba	хвърлям бомба	[hvə́rlʲam bómba]
bombardear (vt)	бомбардирам	[bombardíram]
explosão (f)	експлозия (ж)	[eksplózija]
tiro (m)	изстрел (м)	[ísstrel]
dar um tiro	изстрелям	[isstrélʲam]
tiroteio (m)	стрелба (ж)	[strelbá]
apontar para ...	целя се	[tsélʲa se]
apontar (vt)	насоча	[nasótʃa]

acertar (vt)	улуча	[ulútʃa]
afundar (~ um navio, etc.)	потопя	[potopʲá]
brecha (f)	дупка (ж)	[dúpka]
afundar-se (vr)	потъвам	[potévam]

frente (m)	фронт (м)	[front]
evacuação (f)	евакуация (ж)	[evakuátsija]
evacuar (vt)	евакуирам	[evakuíram]

arame (m) enfarpado	бодлив тел (м)	[bodlív tel]
barreira (f) anti-tanque	заграждение (с)	[zagraჳdénie]
torre (f) de vigia	кула (ж)	[kúla]

hospital (m) militar	военна болница (ж)	[voénna bólnitsa]
ferir (vt)	раня	[ranʲá]
ferida (f)	рана (ж)	[rána]
ferido (m)	ранен (м)	[ranén]
ficar ferido	получа нараняване	[polútʃa naranʲávane]
grave (ferida ~)	тежък	[téჳek]

113. Guerra. Ações militares. Parte 2

cativeiro (m)	плен (м)	[plen]
capturar (vt)	пленявам	[plenʲávam]
estar em cativeiro	намирам се в плен	[namíram se v plen]
ser aprisionado	попадна в плен	[popádna v plen]

campo (m) de concentração	концлагер (м)	[kóntsláger]
prisioneiro (m) de guerra	пленник (м)	[plénnik]
escapar (vi)	бягам	[bʲágam]

trair (vt)	предам	[predám]
traidor (m)	предател (м)	[predátel]
traição (f)	предателство (с)	[predátelstvo]

fuzilar, executar (vt)	разстрелям	[rasstrélʲam]
fuzilamento (m)	разстрелване (с)	[rasstrélvane]

equipamento (m)	военна униформа (ж)	[voénna unifórma]
insígnia (f) de ombro	пагон (м)	[pagón]
máscara (f) de gás	противогаз (м)	[protivogás]

rádio (m)	радиостанция (ж)	[radiostántsija]
cifra (f), código (m)	шифър (м)	[ʃífər]
conspiração (f)	конспирация (ж)	[konspirátsija]
senha (f)	парола (ж)	[paróla]

mina (f)	мина (ж)	[mína]
minar (vt)	минирам	[miníram]
campo (m) minado	минно поле (с)	[mínno polé]

alarme (m) aéreo	въздушна тревога (ж)	[vəzdúʃna trevóga]
alarme (m)	тревога (ж)	[trevóga]
sinal (m)	сигнал (м)	[signál]

sinalizador (m)	сигнална ракета (ж)	[signálna rakéta]
quartel-general (m)	щаб (м)	[ʃtap]
reconhecimento (m)	разузнаване (с)	[razuznávane]
situação (f)	обстановка (ж)	[opstanófka]
relatório (m)	рапорт (м)	[ráport]
emboscada (f)	засада (ж)	[zasáda]
reforço (m)	подкрепа (ж)	[potkrépa]
alvo (m)	мишена (ж)	[miʃéna]
campo (m) de tiro	полигон (м)	[poligón]
manobras (f pl)	маневри (м мн)	[manévri]
pânico (m)	паника (ж)	[pánika]
devastação (f)	разруха (ж)	[razrúha]
ruínas (f pl)	разрушения (с мн)	[razruʃénija]
destruir (vt)	разрушавам	[razruʃávam]
sobreviver (vi)	оцелея	[otseléja]
desarmar (vt)	обезоръжа	[obezorəʒá]
manusear (vt)	служа си	[slúʒa si]
Sentido!	Мирно!	[mírno]
Descansar!	Свободно!	[svobódno]
façanha (f)	подвиг (м)	[pódvik]
juramento (m)	клетва (ж)	[klétva]
jurar (vi)	заклевам се	[zaklévam se]
condecoração (f)	награда (ж)	[nagráda]
condecorar (vt)	награждавам	[nagraʒdávam]
medalha (f)	медал (м)	[medál]
ordem (f)	орден (м)	[órden]
vitória (f)	победа (ж)	[pobéda]
derrota (f)	поражение (с)	[poraʒénie]
armistício (m)	примирие (с)	[primírie]
bandeira (f)	знаме (с)	[známe]
glória (f)	слава (ж)	[sláva]
parada (f)	парад (м)	[parát]
marchar (vi)	маршарувам	[marʃirúvam]

114. Armas

arma (f)	оръжие (с)	[oréʒie]
arma (f) de fogo	огнестрелно оръжие (с)	[ognestrélno oréʒie]
arma (f) branca	хладно оръжие (с)	[hládno oréʒie]
arma (f) química	химическо оръжие (с)	[himíʧesko oréʒie]
nuclear (adj)	ядрен	[jádren]
arma (f) nuclear	ядрено оръжие (с)	[jádreno oréʒie]
bomba (f)	бомба (ж)	[bómba]
bomba (f) atômica	атомна бомба (ж)	[átomna bómba]

pistola (f)	пистолет (м)	[pistolét]
rifle (m)	пушка (ж)	[púʃka]
semi-automática (f)	автомат (м)	[aftomát]
metralhadora (f)	картечница (ж)	[kartétʃnitsa]

boca (f)	дуло (с)	[dúlo]
cano (m)	цев (м)	[tsev]
calibre (m)	калибър (м)	[kalíbər]

gatilho (m)	спусък (м)	[spúsək]
mira (f)	мерник (м)	[mérnik]
carregador (m)	магазин (м)	[magazín]
coronha (f)	приклад (м)	[priklát]

| granada (f) de mão | граната (ж) | [granáta] |
| explosivo (m) | експлозив (с) | [eksplozíf] |

bala (f)	куршум (м)	[kurʃúm]
cartucho (m)	патрон (м)	[patrón]
carga (f)	заряд (м)	[zarʲát]
munições (f pl)	боеприпаси (мн)	[boeprípasi]

bombardeiro (m)	бомбардировач (м)	[bombardirováʧ]
avião (m) de caça	изтребител (м)	[istrebítel]
helicóptero (m)	хеликоптер (м)	[helikópter]

canhão (m) antiaéreo	зенитно оръдие (с)	[zenítno orédie]
tanque (m)	танк (м)	[tank]
canhão (de um tanque)	оръдие (с)	[orédie]

| artilharia (f) | артилерия (ж) | [artilérija] |
| fazer a pontaria | насоча | [nasótʃa] |

| projétil (m) | снаряд (м) | [snarʲát] |
| granada (f) de morteiro | мина (ж) | [mína] |

| morteiro (m) | миномет (м) | [minomét] |
| estilhaço (m) | парче (с) | [parʧé] |

submarino (m)	подводница (ж)	[podvódnitsa]
torpedo (m)	торпедо (с)	[torpédo]
míssil (m)	ракета (ж)	[rakéta]

| carregar (uma arma) | зареждам | [zaréʒdam] |
| disparar, atirar (vi) | стрелям | [strélʲam] |

| apontar para … | целя се в … | [tsélʲa se v] |
| baioneta (f) | щик (м) | [ʃtik] |

espada (f)	шпага (ж)	[ʃpága]
sabre (m)	сабя (ж)	[sábʲa]
lança (f)	копие (с)	[kópie]
arco (m)	лък (м)	[lək]
flecha (f)	стрела (ж)	[strelá]
mosquete (m)	мускет (м)	[muskét]
besta (f)	арбалет (м)	[arbalét]

115. Povos da antiguidade

primitivo (adj)	първобитен	[pərvobíten]
pré-histórico (adj)	доисторически	[doistorítʃeski]
antigo (adj)	древен	[dréven]

Idade (f) da Pedra	Каменен век (м)	[kámenen vek]
Idade (f) do Bronze	бронзова епоха (ж)	[brónzova epóha]
Era (f) do Gelo	ледникова епоха (ж)	[lédnikova epóha]

tribo (f)	племе (с)	[pléme]
canibal (m)	човекоядец (м)	[ʧovekojádets]
caçador (m)	ловец (м)	[lovéts]
caçar (vi)	ловувам	[lovúvam]
mamute (m)	мамут (м)	[mamút]

caverna (f)	пещера (ж)	[peʃterá]
fogo (m)	огън (м)	[ógən]
fogueira (f)	клада (ж)	[kláda]
pintura (f) rupestre	скална рисунка (ж)	[skálna risúnka]

ferramenta (f)	оръдие (с) на труда	[orédie na trudá]
lança (f)	копие (с)	[kópie]
machado (m) de pedra	каменна брадва (ж)	[kámenna brádva]
guerrear (vt)	воювам	[vojúvam]
domesticar (vt)	опитомявам	[opitomʲávam]

ídolo (m)	идол (м)	[ídol]
adorar, venerar (vt)	покланям се	[poklánʲam se]
superstição (f)	суеверие (с)	[suevérie]

evolução (f)	еволюция (ж)	[evolʲútsija]
desenvolvimento (m)	развитие (с)	[razvítie]
extinção (f)	изчезване (с)	[izʧézvane]
adaptar-se (vr)	приспособявам се	[prisposobʲávam se]

arqueologia (f)	археология (ж)	[arheológija]
arqueólogo (m)	археолог (м)	[arheolók]
arqueológico (adj)	археологически	[arheologítʃeski]

escavação (sítio)	разкопки (мн)	[raskópki]
escavações (f pl)	разкопки (мн)	[raskópki]
achado (m)	находка (ж)	[nahótka]
fragmento (m)	фрагмент (м)	[fragmént]

116. Idade média

povo (m)	народ (м)	[narót]
povos (m pl)	народи (м мн)	[naródi]
tribo (f)	племе (с)	[pléme]
tribos (f pl)	племена (с мн)	[plemená]
bárbaros (pl)	варвари (м мн)	[várvari]
galeses (pl)	гали (м мн)	[gáli]

godos (pl)	готи (м мн)	[góti]
eslavos (pl)	славяни (м мн)	[slavʲáni]
viquingues (pl)	викинги (м мн)	[víkingi]

| romanos (pl) | римляни (м мн) | [rímlʲani] |
| romano (adj) | римски | [rímski] |

bizantinos (pl)	византийци (м мн)	[vizantíjtsi]
Bizâncio	Византия (ж)	[vizántija]
bizantino (adj)	византийски	[vizantíjski]

imperador (m)	император (м)	[imperátor]
líder (m)	вожд (м)	[voʒt]
poderoso (adj)	могъщ	[mogéʃt]
rei (m)	крал (м)	[kral]
governante (m)	владетел (м)	[vladétel]

cavaleiro (m)	рицар (м)	[rítsar]
senhor feudal (m)	феодал (м)	[feodál]
feudal (adj)	феодален	[feodálen]
vassalo (m)	васал (м)	[vasál]

duque (m)	херцог (м)	[hertsók]
conde (m)	граф (м)	[graf]
barão (m)	барон (м)	[barón]
bispo (m)	епископ (м)	[episkóp]

armadura (f)	доспехи (мн)	[dospéhi]
escudo (m)	щит (м)	[ʃtit]
espada (f)	меч (м)	[meʧ]
viseira (f)	забрало (с)	[zabrálo]
cota (f) de malha	ризница (ж)	[ríznitsa]

| cruzada (f) | кръстоносен поход (м) | [krəstonósen póhot] |
| cruzado (m) | кръстоносец (м) | [krəstonósets] |

território (m)	територия (ж)	[teritórija]
atacar (vt)	нападам	[napádam]
conquistar (vt)	завоювам	[zavojúvam]
ocupar, invadir (vt)	завзема	[zavzéma]

assédio, sítio (m)	обсада (ж)	[obsáda]
sitiado (adj)	обсаден	[opsadén]
assediar, sitiar (vt)	обсаждам	[opsáʒdam]

inquisição (f)	инквизиция (ж)	[inkvizítsija]
inquisidor (m)	инквизитор (м)	[inkvizítor]
tortura (f)	измъчване (с)	[izmétʃvane]
cruel (adj)	жесток	[ʒestók]
herege (m)	еретик (м)	[eretík]
heresia (f)	ерес (ж)	[éres]

navegação (f) marítima	мореплаване (с)	[moreplávane]
pirata (m)	пират (м)	[pirát]
pirataria (f)	пиратство (с)	[pirátstvo]
abordagem (f)	абордаж (м)	[abordáʒ]

presa (f), butim (m)	плячка (ж)	[plʲátʃka]
tesouros (m pl)	съкровища (с мн)	[səkróviʃta]
descobrimento (m)	откритие (с)	[otkrítie]
descobrir (novas terras)	откривам	[otkrívam]
expedição (f)	експедиция (ж)	[ekspedítsija]
mosqueteiro (m)	мускетар (м)	[musketár]
cardeal (m)	кардинал (м)	[kardinál]
heráldica (f)	хералдика (ж)	[heráldika]
heráldico (adj)	хералдически	[heraldítʃeski]

117. Líder. Chefe. Autoridades

rei (m)	крал (м)	[kral]
rainha (f)	кралица (ж)	[kralítsa]
real (adj)	кралски	[králski]
reino (m)	кралство (с)	[králstvo]
príncipe (m)	принц (м)	[prints]
princesa (f)	принцеса (ж)	[printsésa]
presidente (m)	президент (м)	[prezidént]
vice-presidente (m)	вицепрезидент (м)	[vítse·prezidént]
senador (m)	сенатор (м)	[senátor]
monarca (m)	монарх (м)	[monárh]
governante (m)	владетел (м)	[vladétel]
ditador (m)	диктатор (м)	[diktátor]
tirano (m)	тиранин (м)	[tiránin]
magnata (m)	магнат (м)	[magnát]
diretor (m)	директор (м)	[diréktor]
chefe (m)	шеф (м)	[ʃef]
gerente (m)	управител (м)	[uprávitel]
patrão (m)	бос (м)	[bos]
dono (m)	собственик (м)	[sóbstvenik]
chefe (m)	глава (ж)	[glavá]
autoridades (f pl)	власти (ж мн)	[vlásti]
superiores (m pl)	началство (с)	[natʃálstvo]
governador (m)	губернатор (м)	[gubernátor]
cônsul (m)	консул (м)	[kónsul]
diplomata (m)	дипломат (м)	[diplomát]
Presidente (m) da Câmara	кмет (м)	[kmet]
xerife (m)	шериф (м)	[ʃeríf]
imperador (m)	император (м)	[imperátor]
czar (m)	цар (м)	[tsar]
faraó (m)	фараон (м)	[faraón]
cã, khan (m)	хан (м)	[han]

118. Violação da lei. Criminosos. Parte 1

bandido (m)	бандит (м)	[bandít]
crime (m)	престъпление (с)	[prestəplénie]
criminoso (m)	престъпник (м)	[prestépnik]
ladrão (m)	крадец (м)	[kradéts]
roubar (vt)	крада	[kradá]
furto, roubo (m)	кражба (ж)	[kráʒba]
raptar, sequestrar (vt)	отвлека	[otvleká]
sequestro (m)	отвличане (с)	[otvlítʃane]
sequestrador (m)	похитител (м)	[pohitítel]
resgate (m)	откуп (м)	[ótkup]
pedir resgate	искам откуп	[ískam ótkup]
roubar (vt)	грабя	[grábʲa]
assaltante (m)	грабител (м)	[grabítel]
extorquir (vt)	изнудвам	[iznúdvam]
extorsionário (m)	изнудвач (м)	[iznudvátʃ]
extorsão (f)	изнудване (с)	[iznúdvane]
matar, assassinar (vt)	убия	[ubíja]
homicídio (m)	убийство (с)	[ubíjstvo]
homicida, assassino (m)	убиец (м)	[ubíets]
tiro (m)	изстрел (м)	[ísstrel]
dar um tiro	изстрелям	[isstrélʲam]
matar a tiro	застрелям	[zastrélʲam]
disparar, atirar (vi)	стрелям	[strélʲam]
tiroteio (m)	стрелба (ж)	[strelbá]
incidente (m)	произшествие (с)	[proisʃéstvie]
briga (~ de rua)	сбиване (с)	[zbívane]
Socorro!	Помогнете!	[pomognéte]
vítima (f)	жертва (ж)	[ʒértva]
danificar (vt)	повредя	[povredʲá]
dano (m)	щета (ж)	[ʃtetá]
cadáver (m)	труп (м)	[trup]
grave (adj)	тежък	[téʒək]
atacar (vt)	нападна	[napádna]
bater (espancar)	бия	[bíja]
espancar (vt)	набия	[nabíja]
tirar, roubar (dinheiro)	отнема	[otnéma]
esfaquear (vt)	заколя	[zakólʲa]
mutilar (vt)	осакатя	[osakatʲá]
ferir (vt)	раня	[ranʲá]
chantagem (f)	шантаж (м)	[ʃantáʒ]
chantagear (vt)	шантажирам	[ʃantaʒíram]
chantagista (m)	шантажист (м)	[ʃantaʒíst]

extorsão (f)	рекет (м)	[réket]
extorsionário (m)	рекетьор (м)	[reketʲór]
gângster (m)	гангстер (м)	[gángster]
máfia (f)	мафия (ж)	[máfija]

punguista (m)	джебчия (м)	[dʒebtʃíja]
assaltante, ladrão (m)	разбивач (м) на врати	[razbivátʃ na vratí]
contrabando (m)	контрабанда (ж)	[kontrabánda]
contrabandista (m)	контрабандист (м)	[kontrabandíst]

falsificação (f)	фалшификат (м)	[falʃifikát]
falsificar (vt)	фалшифицирам	[falʃifitsíram]
falsificado (adj)	фалшив	[falʃív]

119. Violação da lei. Criminosos. Parte 2

estupro (m)	изнасилване (с)	[iznasílvane]
estuprar (vt)	изнасиля	[iznasílʲa]
estuprador (m)	насилник (м)	[nasílnik]
maníaco (m)	маниак (м)	[maniák]

prostituta (f)	проститутка (ж)	[prostitútka]
prostituição (f)	проституция (ж)	[prostitútsija]
cafetão (m)	сутеньор (м)	[sutenʲór]

| drogado (m) | наркоман (м) | [narkomán] |
| traficante (m) | наркотрафикант (м) | [narkotrafikánt] |

explodir (vt)	взривя	[vzrivʲá]
explosão (f)	експлозия (ж)	[eksplózija]
incendiar (vt)	подпаля	[podpálʲa]
incendiário (m)	подпалвач (м)	[podpalvátʃ]

terrorismo (m)	тероризъм (м)	[terorízəm]
terrorista (m)	терорист (м)	[teroríst]
refém (m)	заложник (м)	[zalóʒnik]

enganar (vt)	измамя	[izmámʲa]
engano (m)	измама (ж)	[izmáma]
vigarista (m)	мошеник (м)	[moʃénik]

subornar (vt)	подкупя	[podkúpʲa]
suborno (atividade)	подкуп (м)	[pótkup]
suborno (dinheiro)	рушвет (м)	[ruʃvét]

veneno (m)	отрова (ж)	[otróva]
envenenar (vt)	отровя	[otróvʲa]
envenenar-se (vr)	отровя се	[otróvʲa se]

| suicídio (m) | самоубийство (с) | [samoubíjstvo] |
| suicida (m) | самоубиец (м) | [samoubíets] |

| ameaçar (vt) | заплашвам | [zaplášvam] |
| ameaça (f) | заплаха (ж) | [zapláha] |

atentar contra a vida de …	покушавам се	[pokuʃávam se]
atentado (m)	покушение (c)	[pokuʃénie]
roubar (um carro)	открадна	[otkrádna]
sequestrar (um avião)	отвлека	[otvleká]
vingança (f)	отмъщение (c)	[otməʃténie]
vingar (vt)	отмъщавам	[otməʃtávam]
torturar (vt)	изтезавам	[istezávam]
tortura (f)	измъчване (c)	[izmə́tʃvane]
atormentar (vt)	измъчвам	[izmə́tʃvam]
pirata (m)	пират (м)	[pirát]
desordeiro (m)	хулиган (м)	[huligán]
armado (adj)	въоръжен	[vəorəʒén]
violência (f)	насилие (c)	[nasílie]
ilegal (adj)	незаконен	[nezakónen]
espionagem (f)	шпионаж (м)	[ʃpionáʒ]
espionar (vi)	шпионирам	[ʃpioníram]

120. Polícia. Lei. Parte 1

justiça (sistema de ~)	правосъдие (c)	[pravosédie]
tribunal (m)	съд (м)	[sət]
juiz (m)	съдия (м)	[sədijá]
jurados (m pl)	съдебни заседатели (м мн)	[sədébni zasedáteli]
tribunal (m) do júri	съд (м) със съдебни заседатели	[sət səs sədébni zasedáteli]
julgar (vt)	съдя	[sédʲa]
advogado (m)	адвокат (м)	[advokát]
réu (m)	подсъдим (м)	[potsədím]
banco (m) dos réus	подсъдима скамейка (ж)	[potsədíma skaméjka]
acusação (f)	обвинение (c)	[obvinénie]
acusado (m)	обвиняем (м)	[obvinʲáem]
sentença (f)	присъда (ж)	[priséda]
sentenciar (vt)	осъдя	[osédʲa]
culpado (m)	виновник (м)	[vinóvnik]
punir (vt)	накажа	[nakáʒa]
punição (f)	наказание (c)	[nakazánie]
multa (f)	глоба (ж)	[glóba]
prisão (f) perpétua	доживотен затвор (м)	[doʒivóten zatvór]
pena (f) de morte	смъртно наказание (c)	[smértno nakazánie]
cadeira (f) elétrica	електрически стол (м)	[elektrítʃeski stol]
forca (f)	бесилка (ж)	[besílka]
executar (vt)	екзекутирам	[ekzekutíram]
execução (f)	екзекуция (ж)	[ekzekútsija]

| prisão (f) | затвор (м) | [zatvór] |
| cela (f) de prisão | килия (ж) | [kilíja] |

escolta (f)	караул (м)	[karaúl]
guarda (m) prisional	надзирател (м)	[nadzirátel]
preso, prisioneiro (m)	затворник (м)	[zatvórnik]

| algemas (f pl) | белезници (мн) | [beleznítsi] |
| algemar (vt) | сложа белезници | [slóʒa beleznítsi] |

fuga, evasão (f)	бягство (с)	[bʲákstvo]
fugir (vi)	избягам	[izbʲágam]
desaparecer (vi)	изчезна	[iztʃézna]
soltar, libertar (vt)	освободя	[osvobodʲá]
anistia (f)	амнистия (ж)	[amnístija]

polícia (instituição)	полиция (ж)	[polítsija]
polícia (m)	полицай (м)	[politsáj]
delegacia (f) de polícia	полицейско управление (с)	[politséjsko upravlénie]
cassetete (m)	палка (ж)	[pálka]
megafone (m)	рупор (м)	[rúpor]

carro (m) de patrulha	патрулка (ж)	[patrúlka]
sirene (f)	сирена (ж)	[siréna]
ligar a sirene	включа сирена	[fklʲútʃa siréna]
toque (m) da sirene	звук (м) на сирена	[zvuk na siréna]

cena (f) do crime	място (с) на произшествието	[mʲásto na proisʃéstvieto]
testemunha (f)	свидетел (м)	[svidétel]
liberdade (f)	свобода (ж)	[svobodá]
cúmplice (m)	съучастник (м)	[səutʃásnik]
escapar (vi)	скрия се	[skríja sé]
traço (não deixar ~s)	следа (ж)	[sledá]

121. Polícia. Lei. Parte 2

procura (f)	издирване (с)	[izdírvane]
procurar (vt)	издирвам	[izdírvam]
suspeita (f)	подозрение (с)	[podozrénie]
suspeito (adj)	подозрителен	[podozrítelen]
parar (veículo, etc.)	спра	[spra]
deter (fazer parar)	задържа	[zadərʒá]

caso (~ criminal)	дело (с)	[délo]
investigação (f)	следствие (с)	[slétstvie]
detetive (m)	детектив (м)	[detektíf]
investigador (m)	следовател (м)	[sledovátel]
versão (f)	версия (ж)	[vérsija]

motivo (m)	мотив (м)	[motív]
interrogatório (m)	разпит (м)	[ráspit]
interrogar (vt)	разпитвам	[raspítvam]

| questionar (vt) | разпитвам | [raspítvam] |
| verificação (f) | проверка (ж) | [provérka] |

batida (f) policial	хайка (ж)	[hájka]
busca (f)	обиск (м)	[óbisk]
perseguição (f)	преследване (c)	[preslédvane]
perseguir (vt)	преследвам	[preslédvam]
seguir, rastrear (vt)	следя	[sledʲá]

prisão (f)	арест (м)	[árest]
prender (vt)	арестувам	[arestúvam]
pegar, capturar (vt)	заловя	[zalovʲá]
captura (f)	залавяне (c)	[zalávʲane]

documento (m)	документ (м)	[dokumént]
prova (f)	доказателство (c)	[dokazátelstvo]
provar (vt)	доказвам	[dokázvam]
pegada (f)	следа (ж)	[sledá]
impressões (f pl) digitais	отпечатъци (м мн) на пръстите	[otpetʃátətsi na préstite]
prova (f)	улика (ж)	[úlika]

álibi (m)	алиби (c)	[alíbi]
inocente (adj)	невиновен	[nevinóven]
injustiça (f)	несправедливост (ж)	[nespravedlívost]
injusto (adj)	несправедлив	[nespravedlív]

criminal (adj)	криминален	[kriminálen]
confiscar (vt)	конфискувам	[konfiskúvam]
droga (f)	наркотик (м)	[narkotík]
arma (f)	оръжие (c)	[oréʒie]
desarmar (vt)	обезоръжа	[obezoreʒá]
ordenar (vt)	заповядвам	[zapovʲádvam]
desaparecer (vi)	изчезна	[iztʃézna]

lei (f)	закон (м)	[zakón]
legal (adj)	законен	[zakónen]
ilegal (adj)	незаконен	[nezakónen]

| responsabilidade (f) | отговорност (ж) | [otgovórnost] |
| responsável (adj) | отговорен | [otgovóren] |

NATUREZA

A Terra. Parte 1

122. Espaço sideral

espaço, cosmo (m)	космос (м)	[kósmos]
espacial, cósmico (adj)	космически	[kosmítʃeski]
espaço (m) cósmico	космическо пространство (c)	[kosmítʃesko prostránstvo]

mundo (m)	свят (м)	[svʲat]
universo (m)	вселена (ж)	[fseléna]
galáxia (f)	галактика (ж)	[galáktika]

estrela (f)	звезда (ж)	[zvezdá]
constelação (f)	съзвездие (c)	[səzvézdie]
planeta (m)	планета (ж)	[planéta]
satélite (m)	спътник (м)	[spétnik]

meteorito (m)	метеорит (м)	[meteorít]
cometa (m)	комета (ж)	[kométa]
asteroide (m)	астероид (м)	[asteroít]

órbita (f)	орбита (ж)	[órbita]
girar (vi)	въртя се	[vərtʲá se]
atmosfera (f)	атмосфера (ж)	[atmosféra]

Sol (m)	Слънце	[slóntse]
Sistema (m) Solar	Слънчева система (ж)	[slóntʃeva sistéma]
eclipse (m) solar	слънчево затъмнение (c)	[slóntʃevo zatəmnénie]

| Terra (f) | Земя | [zemʲá] |
| Lua (f) | Луна | [luná] |

Marte (m)	Марс	[mars]
Vênus (f)	Венера	[venéra]
Júpiter (m)	Юпитер	[júpiter]
Saturno (m)	Сатурн	[satúrn]

Mercúrio (m)	Меркурий	[merkúrij]
Urano (m)	Уран	[urán]
Netuno (m)	Нептун	[neptún]
Plutão (m)	Плутон	[plutón]

Via Láctea (f)	Млечен Път	[mlétʃen pət]
Ursa Maior (f)	Голяма Мечка	[golʲáma métʃka]
Estrela Polar (f)	Полярна Звезда	[polʲárna zvezdá]
marciano (m)	марсианец (м)	[marsiánets]

extraterrestre (m)	извънземен (м)	[izvɐnzémen]
alienígena (m)	пришелец (м)	[príʃeléts]
disco (m) voador	летяща чиния (ж)	[letiáʃta ʧiníja]
espaçonave (f)	космически кораб (м)	[kosmíʧeski kórap]
estação (f) orbital	орбитална станция (ж)	[orbitálna stántsija]
lançamento (m)	старт (м)	[start]
motor (m)	двигател (м)	[dvigátel]
bocal (m)	дюза (ж)	[diúza]
combustível (m)	гориво (с)	[gorívo]
cabine (f)	кабина (ж)	[kabína]
antena (f)	антена (ж)	[anténa]
vigia (f)	илюминатор (м)	[iliuminátor]
bateria (f) solar	слънчева батерия (ж)	[slɐ́nʧeva batérija]
traje (m) espacial	скафандър (м)	[skafándɐr]
imponderabilidade (f)	безтегловност (ж)	[besteglóvnost]
oxigênio (m)	кислород (м)	[kislorót]
acoplagem (f)	свързване (с)	[svɐ́rzvane]
fazer uma acoplagem	свързвам се	[svɐ́rzvam se]
observatório (m)	обсерватория (ж)	[opservatórija]
telescópio (m)	телескоп (м)	[teleskóp]
observar (vt)	наблюдавам	[nabliudávam]
explorar (vt)	изследвам	[isslédvam]

123. A Terra

Terra (f)	Земя (ж)	[zemiá]
globo terrestre (Terra)	земно кълбо (с)	[zémno kɐlbó]
planeta (m)	планета (ж)	[planéta]
atmosfera (f)	атмосфера (ж)	[atmosféra]
geografia (f)	география (ж)	[geográfija]
natureza (f)	природа (ж)	[priróda]
globo (mapa esférico)	глобус (м)	[glóbus]
mapa (m)	карта (ж)	[kárta]
atlas (m)	атлас (м)	[atlás]
Europa (f)	Европа	[evrópa]
Ásia (f)	Азия	[ázija]
África (f)	Африка	[áfrika]
Austrália (f)	Австралия	[afstrálija]
América (f)	Америка	[amérika]
América (f) do Norte	Северна Америка	[séverna amérika]
América (f) do Sul	Южна Америка	[júʒna amérika]
Antártida (f)	Антарктида	[antarktída]
Ártico (m)	Арктика	[árktika]

124. Pontos cardeais

norte (m)	север (м)	[séver]
para norte	на север	[na séver]
no norte	на север	[na séver]
do norte (adj)	северен	[séveren]
sul (m)	юг (м)	[juk]
para sul	на юг	[na juk]
no sul	на юг	[na juk]
do sul (adj)	южен	[júʒen]
oeste, ocidente (m)	запад (м)	[zápat]
para oeste	на запад	[na zápat]
no oeste	на запад	[na zápat]
ocidental (adj)	западен	[západen]
leste, oriente (m)	изток (м)	[ístok]
para leste	на изток	[na ístok]
no leste	на изток	[na ístok]
oriental (adj)	източен	[ístotʃen]

125. Mar. Oceano

mar (m)	море (с)	[moré]
oceano (m)	океан (м)	[okeán]
golfo (m)	залив (м)	[zálif]
estreito (m)	пролив (м)	[próliv]
continente (m)	материк (м)	[materík]
ilha (f)	остров (м)	[óstrov]
península (f)	полуостров (м)	[poluóstrov]
arquipélago (m)	архипелаг (м)	[arhipelák]
baía (f)	залив (м)	[zálif]
porto (m)	залив (м)	[zálif]
lagoa (f)	лагуна (ж)	[lagúna]
cabo (m)	нос (м)	[nos]
atol (m)	атол (м)	[atól]
recife (m)	риф (м)	[rif]
coral (m)	корал (м)	[korál]
recife (m) de coral	коралов риф (м)	[korálov rif]
profundo (adj)	дълбок	[dəlbók]
profundidade (f)	дълбочина (ж)	[dəlbotʃiná]
abismo (m)	бездна (ж)	[bézna]
fossa (f) oceânica	падина (ж)	[padiná]
corrente (f)	течение (с)	[tetʃénie]
banhar (vt)	мия	[míja]
litoral (m)	бряг (м)	[brʲak]
costa (f)	крайбрежие (с)	[krajbréʒie]

maré (f) alta	прилив (м)	[príliv]
refluxo (m)	отлив (м)	[ótliv]
restinga (f)	плитчина (ж)	[plittʃiná]
fundo (m)	дъно (с)	[déno]

onda (f)	вълна (ж)	[vəlná]
crista (f) da onda	гребен (м) на вълна	[grében na vəlná]
espuma (f)	пяна (ж)	[pʲána]

tempestade (f)	буря (ж)	[búrʲa]
furacão (m)	ураган (м)	[uragán]
tsunami (m)	цунами (с)	[tsunámi]
calmaria (f)	безветрие (с)	[bezvétrie]
calmo (adj)	спокоен	[spokóen]

| polo (m) | полюс (м) | [pólʲus] |
| polar (adj) | полярен | [polʲáren] |

latitude (f)	ширина (ж)	[ʃiriná]
longitude (f)	дължина (ж)	[dəʒiná]
paralela (f)	паралел (ж)	[paralél]
equador (m)	екватор (м)	[ekvátor]

céu (m)	небе (с)	[nebé]
horizonte (m)	хоризонт (м)	[horizónt]
ar (m)	въздух (м)	[vézduh]

farol (m)	фар (м)	[far]
mergulhar (vi)	гмуркам се	[gmúrkam se]
afundar-se (vr)	потъна	[poténa]
tesouros (m pl)	съкровища (с мн)	[səkróviʃta]

126. Nomes de Mares e Oceanos

Oceano (m) Atlântico	Атлантически океан	[atlantítʃeski okeán]
Oceano (m) Índico	Индийски океан	[indíjski okeán]
Oceano (m) Pacífico	Тихи океан	[tíhi okeán]
Oceano (m) Ártico	Северен Ледовит океан	[séveren ledovít okeán]

Mar (m) Negro	Черно море	[tʃérno moré]
Mar (m) Vermelho	Червено море	[tʃervéno moré]
Mar (m) Amarelo	Жълто море	[ʒélto moré]
Mar (m) Branco	Бяло море	[bʲálo moré]

Mar (m) Cáspio	Каспийско море	[káspijsko moré]
Mar (m) Morto	Мъртво море	[mértvo moré]
Mar (m) Mediterrâneo	Средиземно море	[sredizémno moré]

| Mar (m) Egeu | Егейско море | [egéjsko moré] |
| Mar (m) Adriático | Адриатическо море | [adriatítʃesko moré] |

Mar (m) Arábico	Арабско море	[arápsko moré]
Mar (m) do Japão	Японско море	[japónsko moré]
Mar (m) de Bering	Берингово море	[beríngovo moré]

Mar (m) da China Meridional	Южнокитайско море	[juʒnokitájsko moré]
Mar (m) de Coral	Коралово море	[korálovo moré]
Mar (m) de Tasman	Тасманово море	[tasmánovo moré]
Mar (m) do Caribe	Карибско море	[karíbsko moré]
Mar (m) de Barents	Баренцово море	[baréntsovo moré]
Mar (m) de Kara	Карско море	[kársko moré]
Mar (m) do Norte	Северно море	[séverno moré]
Mar (m) Báltico	Балтийско море	[baltíjsko moré]
Mar (m) da Noruega	Норвежко море	[norvéʃko moré]

127. Montanhas

montanha (f)	планина (ж)	[planiná]
cordilheira (f)	планинска верига (ж)	[planínska veríga]
serra (f)	планински хребет (м)	[planínski hrebét]
cume (m)	връх (м)	[vrəh]
pico (m)	пик (м)	[pik]
pé (m)	подножие (с)	[podnóʒie]
declive (m)	склон (м)	[sklon]
vulcão (m)	вулкан (м)	[vulkán]
vulcão (m) ativo	действащ вулкан (м)	[déjstvaʃt vulkán]
vulcão (m) extinto	изгаснал вулкан (м)	[izgásnal vulkán]
erupção (f)	изригване (с)	[izrígvane]
cratera (f)	кратер (м)	[kráter]
magma (m)	магма (ж)	[mágma]
lava (f)	лава (ж)	[láva]
fundido (lava ~a)	нажежен	[naʒeʒén]
cânion, desfiladeiro (m)	каньон (м)	[kanjón]
garganta (f)	дефиле (с)	[defilé]
fenda (f)	тясна клисура (ж)	[tʲásna klisúra]
precipício (m)	пропаст (ж)	[própast]
passo, colo (m)	превал (м)	[prevál]
planalto (m)	плато (с)	[pláto]
falésia (f)	скала (ж)	[skalá]
colina (f)	хълм (м)	[həlm]
geleira (f)	ледник (м)	[lédnik]
cachoeira (f)	водопад (м)	[vodopát]
gêiser (m)	гейзер (м)	[géjzer]
lago (m)	езеро (с)	[ézero]
planície (f)	равнина (ж)	[ravniná]
paisagem (f)	пейзаж (м)	[pejzáʒ]
eco (m)	ехо (с)	[ého]
alpinista (m)	алпинист (м)	[alpiníst]
escalador (m)	катерач (м)	[katerátʃ]

| conquistar (vt) | покорявам | [pokorʲávam] |
| subida, escalada (f) | възкачване (c) | [vəskátʃvane] |

128. Nomes de montanhas

Alpes (m pl)	Алпи	[álpi]
Monte Branco (m)	Мон Блан	[mon blan]
Pirineus (m pl)	Пиринеи	[pirinéi]

Cárpatos (m pl)	Карпати	[karpáti]
Urais (m pl)	Урал	[urál]
Cáucaso (m)	Кавказ	[kafkáz]
Elbrus (m)	Елбрус	[elbrús]

Altai (m)	Алтай	[altáj]
Tian Shan (m)	Тяншан	[tʲanʃan]
Pamir (m)	Памир	[pamír]
Himalaia (m)	Хималаи	[himalái]
monte Everest (m)	Еверест	[everést]

| Cordilheira (f) dos Andes | Анди | [ándi] |
| Kilimanjaro (m) | Килиманджаро | [kilimandʒáro] |

129. Rios

rio (m)	река (ж)	[reká]
fonte, nascente (f)	извор (м)	[ízvor]
leito (m) de rio	корито (c)	[koríto]
bacia (f)	басейн (м)	[baséjn]
desaguar no …	вливам се	[vlívam se]

| afluente (m) | приток (м) | [prítok] |
| margem (do rio) | бряг (м) | [brʲak] |

corrente (f)	течение (c)	[tetʃénie]
rio abaixo	надолу по течението	[nadólu po tetʃénieto]
rio acima	нагоре по течението	[nagóre po tetʃénieto]

inundação (f)	наводнение (c)	[navodnénie]
cheia (f)	пролетно пълноводие (c)	[prolétno pəlnovódie]
transbordar (vi)	разливам се	[razlívam se]
inundar (vt)	потопявам	[potopʲávam]

| banco (m) de areia | плитчина (ж) | [plittʃiná] |
| corredeira (f) | праг (м) | [prak] |

barragem (f)	яз (м)	[jaz]
canal (m)	канал (м)	[kanál]
reservatório (m) de água	водохранилище (c)	[vodohraníliʃte]
eclusa (f)	шлюз (м)	[ʃlʲuz]
corpo (m) de água	водоем (м)	[vodoém]
pântano (m)	блато (c)	[bláto]

lamaçal (m)	тресавище (c)	[tresáviʃte]
redemoinho (m)	водовъртеж (м)	[vodovərtéʒ]
riacho (m)	ручей (м)	[rútʃej]
potável (adj)	питеен	[pitéen]
doce (água)	сладководен	[slatkovóden]
gelo (m)	лед (м)	[let]
congelar-se (vr)	замръзна	[zamrézna]

130. Nomes de rios

rio Sena (m)	Сена	[séna]
rio Loire (m)	Лоара	[loára]
rio Tâmisa (m)	Темза	[témza]
rio Reno (m)	Рейн	[rejn]
rio Danúbio (m)	Дунав	[dúnav]
rio Volga (m)	Волга	[vólga]
rio Don (m)	Дон	[don]
rio Lena (m)	Лена	[léna]
rio Amarelo (m)	Хуанхъ	[huanhé]
rio Yangtzé (m)	Яндзъ	[jandzé]
rio Mekong (m)	Меконг	[mekónk]
rio Ganges (m)	Ганг	[gang]
rio Nilo (m)	Нил	[nil]
rio Congo (m)	Конго	[kóngo]
rio Cubango (m)	Окаванго	[okavángo]
rio Zambeze (m)	Замбези	[zambézi]
rio Limpopo (m)	Лимпопо	[limpopó]
rio Mississippi (m)	Мисисипи	[misisípi]

131. Floresta

floresta (f), bosque (m)	гора (ж)	[gorá]
florestal (adj)	горски	[górski]
mata (f) fechada	гъсталак (м)	[gəstalák]
arvoredo (m)	горичка (ж)	[gorítʃka]
clareira (f)	поляна (ж)	[polʲána]
matagal (m)	гъсталак (м)	[gəstalák]
mato (m), caatinga (f)	храсталак (м)	[hrastalák]
pequena trilha (f)	пътечка (ж)	[pətétʃka]
ravina (f)	овраг (м)	[ovrák]
árvore (f)	дърво (c)	[dərvó]
folha (f)	лист (м)	[list]

folhagem (f)	шума (ж)	[ʃúma]
queda (f) das folhas	листопад (м)	[listopát]
cair (vi)	опадвам	[opádvam]
topo (m)	връх (м)	[vrəh]

ramo (m)	клонка (м)	[klónka]
galho (m)	дебел клон (м)	[debél klon]
botão (m)	пъпка (ж)	[pépka]
agulha (f)	игла (ж)	[iglá]
pinha (f)	шишарка (ж)	[ʃiʃárka]

buraco (m) de árvore	хралупа (ж)	[hralúpa]
ninho (m)	гнездо (с)	[gnezdó]
toca (f)	дупка (ж)	[dúpka]

tronco (m)	стъбло (с)	[stəbló]
raiz (f)	корен (м)	[kóren]
casca (f) de árvore	кора (ж)	[korá]
musgo (m)	мъх (м)	[məh]

arrancar pela raiz	изкоренявам	[izkorenʲávam]
cortar (vt)	сека	[seká]
desflorestar (vt)	изсичам	[issítʃam]
toco, cepo (m)	пън (м)	[pən]

fogueira (f)	клада (ж)	[kláda]
incêndio (m) florestal	пожар (м)	[poʒár]
apagar (vt)	загасявам	[zagasʲávam]

guarda-parque (m)	горски пазач (м)	[górski pazátʃ]
proteção (f)	опазване (с)	[opázvane]
proteger (a natureza)	опазвам	[opázvam]
caçador (m) furtivo	бракониер (м)	[brakoniér]
armadilha (f)	капан (м)	[kapán]

| colher (cogumelos, bagas) | събирам | [səbíram] |
| perder-se (vr) | загубя се | [zagúbʲa se] |

132. Recursos naturais

recursos (m pl) naturais	природни ресурси (м мн)	[priródni resúrsi]
minerais (m pl)	полезни изкопаеми (с мн)	[polézni iskopáemi]
depósitos (m pl)	залежи (мн)	[zaléʒi]
jazida (f)	находище (с)	[nahódiʃte]

extrair (vt)	добивам	[dobívam]
extração (f)	добиване (с)	[dobívane]
minério (m)	руда (ж)	[rudá]
mina (f)	рудник (м)	[rúdnik]
poço (m) de mina	шахта (ж)	[ʃáhta]
mineiro (m)	миньор (м)	[minʲór]

| gás (m) | газ (м) | [gas] |
| gasoduto (m) | газопровод (м) | [gazoprovót] |

petróleo (m)	нефт (м)	[neft]
oleoduto (m)	нефтопровод (м)	[neftoprovót]
poço (m) de petróleo	нефтена кула (ж)	[néftena kúla]
torre (f) petrolífera	сондажна кула (ж)	[sondáʒna kúla]
petroleiro (m)	танкер (м)	[tánker]
areia (f)	пясък (м)	[pʲásək]
calcário (m)	варовик (м)	[varóvik]
cascalho (m)	дребен чакъл (м)	[drében ʧakél]
turfa (f)	торф (м)	[torf]
argila (f)	глина (ж)	[glína]
carvão (m)	въглища (мн)	[végliʃta]
ferro (m)	желязо (с)	[ʒelʲázo]
ouro (m)	злато (с)	[zláto]
prata (f)	сребро (с)	[srebró]
níquel (m)	никел (м)	[níkel]
cobre (m)	мед (ж)	[met]
zinco (m)	цинк (м)	[tsink]
manganês (m)	манган (м)	[mangán]
mercúrio (m)	живак (м)	[ʒivák]
chumbo (m)	олово (с)	[olóvo]
mineral (m)	минерал (м)	[minerál]
cristal (m)	кристал (м)	[kristál]
mármore (m)	мрамор (м)	[mrámor]
urânio (m)	уран (м)	[urán]

A Terra. Parte 2

133. Tempo

tempo (m)	време (с)	[vréme]
previsão (f) do tempo	прогноза (ж) за времето	[prognóza za vrémeto]
temperatura (f)	температура (ж)	[temperatúra]
termômetro (m)	термометър (м)	[termométər]
barômetro (m)	барометър (м)	[barométər]
úmido (adj)	влажен	[vláʒen]
umidade (f)	влажност (ж)	[vláʒnost]
calor (m)	пек (м)	[pek]
tórrido (adj)	горещ	[goréʃt]
está muito calor	горещо	[goréʃto]
está calor	топло	[tóplo]
quente (morno)	топъл	[tópəl]
está frio	студено	[studéno]
frio (adj)	студен	[studén]
sol (m)	слънце (с)	[sléntse]
brilhar (vi)	грея	[gréja]
de sol, ensolarado	слънчев	[sléntʃev]
nascer (vi)	изгрея	[izgréja]
pôr-se (vr)	заляза	[zalʲáza]
nuvem (f)	облак (м)	[óblak]
nublado (adj)	облачен	[óblatʃen]
nuvem (f) preta	голям облак (м)	[golʲám óblak]
escuro, cinzento (adj)	навъсен	[navésen]
chuva (f)	дъжд (м)	[dəʒt]
está a chover	вали дъжд	[valí dəʒt]
chuvoso (adj)	дъждовен	[dəʒdóven]
chuviscar (vi)	ръмя	[rəmʲá]
chuva (f) torrencial	пороен дъжд (м)	[poróen dəʒt]
aguaceiro (m)	порой (м)	[porój]
forte (chuva, etc.)	силен	[sílen]
poça (f)	локва (ж)	[lókva]
molhar-se (vr)	намокря се	[namókrʲa se]
nevoeiro (m)	мъгла (ж)	[məglá]
de nevoeiro	мъглив	[məglíf]
neve (f)	сняг (м)	[snʲak]
está nevando	вали сняг	[valí snʲak]

134. Tempo extremo. Catástrofes naturais

trovoada (f)	гръмотевична буря (ж)	[grəmotévitʃna búrʲa]
relâmpago (m)	мълния (ж)	[mélnija]
relampejar (vi)	блясвам	[blʲásvam]
trovão (m)	гръм (м)	[grəm]
trovejar (vi)	гърмя	[gərmʲá]
está trovejando	гърми	[gərmí]
granizo (m)	градушка (ж)	[gradúʃka]
está caindo granizo	пада градушка	[páda gradúʃka]
inundar (vt)	потопя	[potopʲá]
inundação (f)	наводнение (c)	[navodnénie]
terremoto (m)	земетресение (c)	[zemetresénie]
abalo, tremor (m)	трус (м)	[trus]
epicentro (m)	епицентър (м)	[epitséntər]
erupção (f)	изригване (c)	[izrígvane]
lava (f)	лава (ж)	[láva]
tornado (m)	торнадо (c)	[tornádo]
tufão (m)	тайфун (м)	[tajfún]
furacão (m)	ураган (м)	[uragán]
tempestade (f)	буря (ж)	[búrʲa]
tsunami (m)	цунами (c)	[tsunámi]
ciclone (m)	циклон (м)	[tsiklón]
mau tempo (m)	лошо време (c)	[lóʃo vréme]
incêndio (m)	пожар (м)	[poʒár]
catástrofe (f)	катастрофа (ж)	[katastrófa]
meteorito (m)	метеорит (м)	[meteorít]
avalanche (f)	лавина (ж)	[lavína]
deslizamento (m) de neve	лавина (ж)	[lavína]
nevasca (f)	виелица (ж)	[viélitsa]
tempestade (f) de neve	снежна буря (ж)	[snéʒna búrʲa]

Fauna

135. Mamíferos. Predadores

predador (m)	хищник (м)	[híʃtnik]
tigre (m)	тигър (м)	[tígər]
leão (m)	лъв (м)	[ləv]
lobo (m)	вълк (м)	[vəlk]
raposa (f)	лисица (ж)	[lisítsa]
jaguar (m)	ягуар (м)	[jaguár]
leopardo (m)	леопард (м)	[leopárt]
chita (f)	гепард (м)	[gepárt]
pantera (f)	пантера (ж)	[pantéra]
puma (m)	пума (ж)	[púma]
leopardo-das-neves (m)	снежен барс (м)	[snéʒen bars]
lince (m)	рис (м)	[ris]
coiote (m)	койот (м)	[kojót]
chacal (m)	чакал (м)	[ʧakál]
hiena (f)	хиена (ж)	[hiéna]

136. Animais selvagens

animal (m)	животно (с)	[ʒivótno]
besta (f)	звяр (м)	[zvʲar]
esquilo (m)	катерица (ж)	[káteritsa]
ouriço (m)	таралеж (м)	[taraléʒ]
lebre (f)	заек (м)	[záek]
coelho (m)	питомен заек (м)	[pítomen záek]
texugo (m)	язовец (м)	[jázovets]
guaxinim (m)	енот (м)	[enót]
hamster (m)	хамстер (м)	[hámster]
marmota (f)	мармот (м)	[marmót]
toupeira (f)	къртица (ж)	[kərtítsa]
rato (m)	мишка (ж)	[míʃka]
ratazana (f)	плъх (м)	[pləh]
morcego (m)	прилеп (м)	[prílep]
arminho (m)	хермелин (м)	[hermelín]
zibelina (f)	самур (м)	[samúr]
marta (f)	бялка (ж)	[bʲálka]
doninha (f)	невестулка (ж)	[nevestúlka]
visom (m)	норка (ж)	[nórka]

castor (m)	бобър (м)	[bóbər]
lontra (f)	видра (ж)	[vídra]
cavalo (m)	кон (м)	[kon]
alce (m)	лос (м)	[los]
veado (m)	елен (м)	[elén]
camelo (m)	камила (ж)	[kamíla]
bisão (m)	бизон (м)	[bizón]
auroque (m)	зубър (м)	[zúbər]
búfalo (m)	бивол (м)	[bívol]
zebra (f)	зебра (ж)	[zébra]
antílope (m)	антилопа (ж)	[antilópa]
corça (f)	сърна (ж)	[sərná]
gamo (m)	лопатар (м)	[lopatár]
camurça (f)	сърна (ж)	[sərná]
javali (m)	глиган (м)	[gligán]
baleia (f)	кит (м)	[kit]
foca (f)	тюлен (м)	[tʲulén]
morsa (f)	морж (м)	[morʒ]
urso-marinho (m)	морска котка (ж)	[mórska kótka]
golfinho (m)	делфин (м)	[delfín]
urso (m)	мечка (ж)	[métʃka]
urso (m) polar	бяла мечка (ж)	[bʲála métʃka]
panda (m)	панда (ж)	[pánda]
macaco (m)	маймуна (ж)	[majmúna]
chimpanzé (m)	шимпанзе (с)	[ʃimpanzé]
orangotango (m)	орангутан (м)	[orangután]
gorila (m)	горила (ж)	[goríla]
macaco (m)	макак (м)	[makák]
gibão (m)	гибон (м)	[gibón]
elefante (m)	слон (м)	[slon]
rinoceronte (m)	носорог (м)	[nosorók]
girafa (f)	жираф (м)	[ʒiráf]
hipopótamo (m)	хипопотам (м)	[hipopotám]
canguru (m)	кенгуру (с)	[kénguru]
coala (m)	коала (ж)	[koála]
mangusto (m)	мангуста (ж)	[mangústa]
chinchila (f)	чинчила (ж)	[tʃintʃíla]
cangambá (f)	скунс (м)	[skuns]
porco-espinho (m)	бодливец (м)	[bodlívets]

137. Animais domésticos

gata (f)	котка (ж)	[kótka]
gato (m) macho	котарак (м)	[kotarák]
cavalo (m)	кон (м)	[kon]

| garanhão (m) | жребец (м) | [ʒrebéts] |
| égua (f) | кобила (ж) | [kobíla] |

vaca (f)	крава (ж)	[kráva]
touro (m)	бик (м)	[bik]
boi (m)	вол (м)	[vol]

ovelha (f)	овца (ж)	[ovtsá]
carneiro (m)	овен (м)	[ovén]
cabra (f)	коза (ж)	[kozá]
bode (m)	козел (м)	[kozél]

| burro (m) | магаре (с) | [magáre] |
| mula (f) | муле (с) | [múle] |

porco (m)	свиня (ж)	[svinʲá]
leitão (m)	прасе (с)	[prasé]
coelho (m)	питомен заек (м)	[pítomen záek]

| galinha (f) | кокошка (ж) | [kokóʃka] |
| galo (m) | петел (м) | [petél] |

pata (f), pato (m)	патица (ж)	[pátitsa]
pato (m)	паток (м)	[patók]
ganso (m)	гъсок (м)	[gəsók]

| peru (m) | пуяк (м) | [pújak] |
| perua (f) | пуйка (ж) | [pújka] |

animais (m pl) domésticos	домашни животни (с мн)	[domáʃni ʒivótni]
domesticado (adj)	питомен	[pítomen]
domesticar (vt)	опитомявам	[opitomʲávam]
criar (vt)	отглеждам	[otgléʒdam]

fazenda (f)	ферма (ж)	[férma]
aves (f pl) domésticas	домашна птица (ж)	[domáʃna ptítsa]
gado (m)	добитък (м)	[dobítək]
rebanho (m), manada (f)	стадо (с)	[stádo]

estábulo (m)	обор (м)	[obór]
chiqueiro (m)	кочина (ж)	[kótʃina]
estábulo (m)	краварник (м)	[kravárnik]
coelheira (f)	зайчарник (м)	[zajtʃárnik]
galinheiro (m)	курник (м)	[kúrnik]

138. Pássaros

pássaro (m), ave (f)	птица (ж)	[ptítsa]
pombo (m)	гълъб (м)	[géləp]
pardal (m)	врабче (с)	[vrabtʃé]
chapim-real (m)	синигер (м)	[sinigér]
pega-rabuda (f)	сврака (ж)	[svráka]
corvo (m)	гарван (м)	[gárvan]
gralha-cinzenta (f)	врана (ж)	[vrána]

131

gralha-de-nuca-cinzenta (f)	гарга (ж)	[gárga]
gralha-calva (f)	полски гарван (м)	[pólski gárvan]
pato (m)	патица (ж)	[pátitsa]
ganso (m)	гъсок (м)	[gəsók]
faisão (m)	фазан (м)	[fazán]
águia (f)	орел (м)	[orél]
açor (m)	ястреб (м)	[jástrep]
falcão (m)	сокол (м)	[sokól]
abutre (m)	гриф (м)	[grif]
condor (m)	кондор (м)	[kondór]
cisne (m)	лебед (м)	[lébet]
grou (m)	жерав (м)	[ʒérav]
cegonha (f)	щъркел (м)	[ʃtə́rkel]
papagaio (m)	папагал (м)	[papagál]
beija-flor (m)	колибри (с)	[kolíbri]
pavão (m)	паун (м)	[paún]
avestruz (m)	щраус (м)	[ʃtráus]
garça (f)	чапла (ж)	[tʃápla]
flamingo (m)	фламинго (с)	[flamíngo]
pelicano (m)	пеликан (м)	[pelikán]
rouxinol (m)	славей (м)	[slávej]
andorinha (f)	лястовица (ж)	[lʲástovitsa]
tordo-zornal (m)	дрозд (м)	[drozd]
tordo-músico (m)	поен дрозд (м)	[póen drozd]
melro-preto (m)	кос, черен дрозд (м)	[kos], [tʃéren drozd]
andorinhão (m)	бързолет (м)	[bərzolét]
cotovia (f)	чучулига (ж)	[tʃutʃulíga]
codorna (f)	пъдпъдък (м)	[pədpədék]
pica-pau (m)	кълвач (м)	[kəlvátʃ]
cuco (m)	кукувица (ж)	[kúkuvitsa]
coruja (f)	сова (ж)	[sóva]
bufo-real (m)	бухал (м)	[búhal]
tetraz-grande (m)	глухар (м)	[gluhár]
tetraz-lira (m)	тетрев (м)	[tétrev]
perdiz-cinzenta (f)	яребица (ж)	[járebitsa]
estorninho (m)	скорец (м)	[skoréts]
canário (m)	канарче (с)	[kanártʃe]
galinha-do-mato (f)	лещарка (ж)	[leʃtárka]
tentilhão (m)	чинка (ж)	[tʃínka]
dom-fafe (m)	червенушка (ж)	[tʃervenúʃka]
gaivota (f)	чайка (ж)	[tʃájka]
albatroz (m)	албатрос (м)	[albatrós]
pinguim (m)	пингвин (м)	[pingvín]

139. Peixes. Animais marinhos

brema (f)	платика (ж)	[platíka]
carpa (f)	шаран (м)	[ʃarán]
perca (f)	костур (м)	[kostúr]
siluro (m)	сом (м)	[som]
lúcio (m)	щука (ж)	[ʃtúka]
salmão (m)	сьомга (ж)	[sʲómga]
esturjão (m)	есетра (ж)	[esétra]
arenque (m)	селда (ж)	[sélda]
salmão (m) do Atlântico	сьомга (ж)	[sʲómga]
cavala, sarda (f)	скумрия (ж)	[skumríja]
solha (f), linguado (m)	калкан (м)	[kalkán]
lúcio perca (m)	бяла риба (ж)	[bʲála ríba]
bacalhau (m)	треска (ж)	[tréska]
atum (m)	риба тон (м)	[ríba ton]
truta (f)	пъстърва (ж)	[pəstérva]
enguia (f)	змиорка (ж)	[zmiórka]
raia (f) elétrica	електрически скат (м)	[elektrítʃeski skat]
moreia (f)	мурена (ж)	[muréna]
piranha (f)	пираня (ж)	[piránʲa]
tubarão (m)	акула (ж)	[akúla]
golfinho (m)	делфин (м)	[delfín]
baleia (f)	кит (м)	[kit]
caranguejo (m)	морски рак (м)	[mórski rak]
água-viva (f)	медуза (ж)	[medúza]
polvo (m)	октопод (м)	[oktopót]
estrela-do-mar (f)	морска звезда (ж)	[mórska zvezdá]
ouriço-do-mar (m)	морски таралеж (м)	[mórski taraléʒ]
cavalo-marinho (m)	морско конче (с)	[mórsko kóntʃe]
ostra (f)	стрида (ж)	[strída]
camarão (m)	скарида (ж)	[skarída]
lagosta (f)	омар (м)	[omár]
lagosta (f)	лангуста (ж)	[langústa]

140. Anfíbios. Répteis

cobra (f)	змия (ж)	[zmijá]
venenoso (adj)	отровен	[otróven]
víbora (f)	усойница (ж)	[usójnitsa]
naja (f)	кобра (ж)	[kóbra]
píton (m)	питон (м)	[pitón]
jiboia (f)	боа (ж)	[boá]
cobra-de-água (f)	смок (м)	[smok]

| cascavel (f) | гърмяща змия (ж) | [gərmⁱáʃta zmijá] |
| anaconda (f) | анаконда (ж) | [anakónda] |

lagarto (m)	гущер (м)	[gúʃter]
iguana (f)	игуана (ж)	[iguána]
varano (m)	варан (м)	[varán]
salamandra (f)	саламандър (м)	[salamándər]
camaleão (m)	хамелеон (м)	[hameleón]
escorpião (m)	скорпион (м)	[skorpión]

tartaruga (f)	костенурка (ж)	[kostenúrka]
rã (f)	водна жаба (ж)	[vódna ʒába]
sapo (m)	жаба (ж)	[ʒába]
crocodilo (m)	крокодил (м)	[krokodíl]

141. Insetos

inseto (m)	насекомо (с)	[nasekómo]
borboleta (f)	пеперуда (ж)	[peperúda]
formiga (f)	мравка (ж)	[mráfka]
mosca (f)	муха (ж)	[muhá]
mosquito (m)	комар (м)	[komár]
escaravelho (m)	бръмбар (м)	[brémbar]

vespa (f)	оса (ж)	[osá]
abelha (f)	пчела (ж)	[pʧelá]
mamangaba (f)	земна пчела (ж)	[zémna pʧelá]
moscardo (m)	щръклица (ж), овод (м)	[ʃtréklitsa], [óvot]

| aranha (f) | паяк (м) | [pájak] |
| teia (f) de aranha | паяжина (ж) | [pájaʒina] |

libélula (f)	водно конче (с)	[vódno kónʧe]
gafanhoto (m)	скакалец (м)	[skakaléts]
traça (f)	нощна пеперуда (ж)	[nóʃtna peperúda]

barata (f)	хлебарка (ж)	[hlebárka]
carrapato (m)	кърлеж (м)	[kérleʃ]
pulga (f)	бълха (ж)	[bəlhá]
borrachudo (m)	мушица (ж)	[muʃítsa]

gafanhoto (m)	прелетен скакалец (м)	[préleten skakaléts]
caracol (m)	охлюв (м)	[óhlⁱuf]
grilo (m)	щурец (м)	[ʃturéts]
pirilampo, vaga-lume (m)	светулка (ж)	[svetúlka]
joaninha (f)	калинка (ж)	[kalínka]
besouro (m)	майски бръмбар (м)	[májski brémbar]

sanguessuga (f)	пиявица (ж)	[pijávitsa]
lagarta (f)	гъсеница (ж)	[gəsénitsa]
minhoca (f)	червей (м)	[ʧérvej]
larva (f)	буба (ж)	[búba]

Flora

142. Árvores

árvore (f)	дърво (c)	[dərvó]
decídua (adj)	широколистно	[ʃirokolístno]
conífera (adj)	иглолистно	[iglolístno]
perene (adj)	вечнозелено	[vetʃnozeléno]
macieira (f)	ябълка (ж)	[jábəlka]
pereira (f)	круша (ж)	[krúʃa]
cerejeira (f)	череша (ж)	[tʃeréʃa]
ginjeira (f)	вишна (ж)	[víʃna]
ameixeira (f)	слива (ж)	[slíva]
bétula (f)	бреза (ж)	[brezá]
carvalho (m)	дъб (м)	[dəp]
tília (f)	липа (ж)	[lipá]
choupo-tremedor (m)	трепетлика (ж)	[trepetlíka]
bordo (m)	клен (м)	[klen]
espruce (m)	ела (ж)	[elá]
pinheiro (m)	бор (м)	[bor]
alerce, lariço (m)	лиственица (ж)	[lístvenitsa]
abeto (m)	бяла ела (ж)	[bʲála elá]
cedro (m)	кедър (м)	[kédər]
choupo, álamo (m)	топола (ж)	[topóla]
tramazeira (f)	офика (ж)	[ofíka]
salgueiro (m)	върба (ж)	[vərbá]
amieiro (m)	елша (ж)	[elʃá]
faia (f)	бук (м)	[buk]
ulmeiro, olmo (m)	бряст (м)	[brʲast]
freixo (m)	ясен (м)	[jásen]
castanheiro (m)	кестен (м)	[késten]
magnólia (f)	магнолия (ж)	[magnólija]
palmeira (f)	палма (ж)	[pálma]
cipreste (m)	кипарис (м)	[kiparís]
mangue (m)	мангрово дърво (c)	[mangrovo dərvó]
embondeiro, baobá (m)	баобаб (м)	[baobáp]
eucalipto (m)	евкалипт (м)	[efkalípt]
sequoia (f)	секвоя (ж)	[sekvója]

143. Arbustos

arbusto (m)	храст (м)	[hrast]
arbusto (m), moita (f)	храсталак (м)	[hrastalák]

| videira (f) | грозде (c) | [grózde] |
| vinhedo (m) | лозе (c) | [lóze] |

framboeseira (f)	малина (ж)	[malína]
groselheira-negra (f)	черно френско грозде (c)	[tʃérno frénsko grózde]
groselheira-vermelha (f)	червено френско грозде (c)	[tʃervéno frénsko grózde]
groselheira (f) espinhosa	цариградско грозде (c)	[tsarigrátsko grózde]

acácia (f)	акация (ж)	[akátsija]
bérberis (f)	кисел трън (м)	[kísel trən]
jasmim (m)	жасмин (м)	[ʒasmín]

junípero (m)	хвойна, смрика (ж)	[hvójna], [smríka]
roseira (f)	розов храст (м)	[rózov hrast]
roseira (f) brava	шипка (ж)	[ʃípka]

144. Frutos. Bagas

fruta (f)	плод (м)	[plot]
frutas (f pl)	плодове (м мн)	[plodové]
maçã (f)	ябълка (ж)	[jábəlka]
pera (f)	круша (ж)	[krúʃa]
ameixa (f)	слива (ж)	[slíva]

morango (m)	ягода (ж)	[jágoda]
ginja (f)	вишна (ж)	[víʃna]
cereja (f)	череша (ж)	[tʃeréʃa]
uva (f)	грозде (c)	[grózde]

framboesa (f)	малина (ж)	[malína]
groselha (f) negra	черно френско грозде (c)	[tʃérno frénsko grózde]
groselha (f) vermelha	червено френско грозде (c)	[tʃervéno frénsko grózde]
groselha (f) espinhosa	цариградско грозде (c)	[tsarigrátsko grózde]
oxicoco (m)	клюква (ж)	[klʲúkva]

laranja (f)	портокал (м)	[portokál]
tangerina (f)	мандарина (ж)	[mandarína]
abacaxi (m)	ананас (м)	[ananás]
banana (f)	банан (м)	[banán]
tâmara (f)	фурма (ж)	[furmá]

limão (m)	лимон (м)	[limón]
damasco (m)	кайсия (ж)	[kajsíja]
pêssego (m)	праскова (ж)	[práskova]
quiuí (m)	киви (c)	[kívi]
toranja (f)	грейпфрут (м)	[gréjpfrut]

baga (f)	горски плод (м)	[górski plot]
bagas (f pl)	горски плодове (м мн)	[górski plodové]
arando (m) vermelho	червена боровинка (ж)	[tʃervéna borovínka]
morango-silvestre (m)	горска ягода (ж)	[górska jágoda]
mirtilo (m)	черна боровинка (ж)	[tʃérna borovínka]

145. Flores. Plantas

flor (f)	цвете (c)	[tsvéte]
buquê (m) de flores	букет (м)	[bukét]

rosa (f)	роза (ж)	[róza]
tulipa (f)	лале (c)	[lalé]
cravo (m)	карамфил (м)	[karamfíl]
gladíolo (m)	гладиола (ж)	[gladióla]

centáurea (f)	метличина (ж)	[metlitʃína]
campainha (f)	камбанка (ж)	[kambánka]
dente-de-leão (m)	глухарче (c)	[gluhártʃe]
camomila (f)	лайка (ж)	[lájka]

aloé (m)	алое (c)	[alóe]
cacto (m)	кактус (м)	[káktus]
fícus (m)	фикус (м)	[fíkus]

lírio (m)	лилиум (м)	[lílium]
gerânio (m)	мушкато (c)	[muʃkáto]
jacinto (m)	зюмбюл (м)	[zʲúmbʲúl]

mimosa (f)	мимоза (ж)	[mimóza]
narciso (m)	нарцис (м)	[nartsís]
capuchinha (f)	латинка (ж)	[latínka]

orquídea (f)	орхидея (ж)	[orhidéja]
peônia (f)	божур (м)	[boʒúr]
violeta (f)	теменуга (ж)	[temenúga]

amor-perfeito (m)	трицветна теменуга (ж)	[tritsvétna temenúga]
não-me-esqueças (m)	незабравка (ж)	[nezabráfka]
margarida (f)	маргаритка (ж)	[margarítka]

papoula (f)	мак (м)	[mak]
cânhamo (m)	коноп (м)	[konóp]
hortelã, menta (f)	мента (ж)	[ménta]

lírio-do-vale (m)	момина сълза (ж)	[mómina səlzá]
campânula-branca (f)	кокиче (c)	[kokítʃe]

urtiga (f)	коприва (ж)	[kopríva]
azedinha (f)	киселец (м)	[kíselets]
nenúfar (m)	водна лилия (ж)	[vódna lílija]
samambaia (f)	папрат (м)	[páprat]
líquen (m)	лишей (м)	[líʃej]

estufa (f)	оранжерия (ж)	[oranʒérija]
gramado (m)	тревна площ (ж)	[trévna ploʃt]
canteiro (m) de flores	цветна леха (ж)	[tsvétna lehá]

planta (f)	растение (c)	[rasténie]
grama (f)	трева (ж)	[trevá]
folha (f) de grama	тревичка (ж)	[trevítʃka]

folha (f)	лист (м)	[list]
pétala (f)	венчелистче (c)	[ventʃelísttʃe]
talo (m)	стъбло (c)	[stəbló]
tubérculo (m)	грудка (ж)	[grútka]

| broto, rebento (m) | кълн (м) | [kəln] |
| espinho (m) | бодил (м) | [bodíl] |

florescer (vi)	цъфтя	[tsəftʲá]
murchar (vi)	увяхвам	[uvʲáhvam]
cheiro (m)	мирис (м)	[míris]
cortar (flores)	отрежа	[otréʒa]
colher (uma flor)	откъсна	[otkə́sna]

146. Cereais, grãos

grão (m)	зърно (c)	[zə́rno]
cereais (plantas)	житни култури (ж мн)	[ʒítni kultúri]
espiga (f)	клас (м)	[klas]

trigo (m)	пшеница (ж)	[pʃenítsa]
centeio (m)	ръж (ж)	[rəʒ]
aveia (f)	овес (м)	[ovés]
painço (m)	просо (c)	[prosó]
cevada (f)	ечемик (м)	[etʃemík]

milho (m)	царевица (ж)	[tsárevitsa]
arroz (m)	ориз (м)	[oríz]
trigo-sarraceno (m)	елда (ж)	[élda]

ervilha (f)	грах (м)	[grah]
feijão (m) roxo	фасул (м)	[fasúl]
soja (f)	соя (ж)	[sója]
lentilha (f)	леща (ж)	[léʃta]
feijão (m)	боб (м)	[bop]

PAÍSES. NACIONALIDADES

147. Europa Ocidental

Europa (f)	Европа	[evrópa]
União (f) Europeia	Европейски Съюз (м)	[evropéjski səjúz]
Áustria (f)	Австрия	[áfstrija]
Grã-Bretanha (f)	Великобритания	[velikobritánija]
Inglaterra (f)	Англия	[ánglija]
Bélgica (f)	Белгия	[bélgija]
Alemanha (f)	Германия	[germánija]
Países Baixos (m pl)	Нидерландия	[niderlándija]
Holanda (f)	Холандия (ж)	[holándija]
Grécia (f)	Гърция	[gértsija]
Dinamarca (f)	Дания	[dánija]
Irlanda (f)	Ирландия	[irlándija]
Islândia (f)	Исландия	[islándija]
Espanha (f)	Испания	[ispánija]
Itália (f)	Италия	[itálija]
Chipre (m)	Кипър	[kípər]
Malta (f)	Малта	[málta]
Noruega (f)	Норвегия	[norvégija]
Portugal (m)	Португалия	[portugálija]
Finlândia (f)	Финландия	[finlándija]
França (f)	Франция	[frántsija]
Suécia (f)	Швеция	[ʃvétsija]
Suíça (f)	Швейцария	[ʃvejtsárija]
Escócia (f)	Шотландия	[ʃotlándija]
Vaticano (m)	Ватикана	[vatikána]
Liechtenstein (m)	Лихтенщайн	[líhtenʃtajn]
Luxemburgo (m)	Люксембург	[lʲúksemburg]
Mônaco (m)	Монако	[monáko]

148. Europa Central e de Leste

Albânia (f)	Албания	[albánija]
Bulgária (f)	България	[bəlgárija]
Hungria (f)	Унгария	[ungárija]
Letônia (f)	Латвия	[látvija]
Lituânia (f)	Литва	[lítva]
Polônia (f)	Полша	[pólʃa]

Romênia (f)	Румъния	[ruménija]
Sérvia (f)	Сърбия	[sérbija]
Eslováquia (f)	Словакия	[slovákija]

Croácia (f)	Хърватия	[hərvátija]
República (f) Checa	Чехия	[tʃéhija]
Estônia (f)	Естония	[estónija]

Bósnia e Herzegovina (f)	Босна и Херцеговина	[bósna i hertsegóvina]
Macedônia (f)	Македония	[makedónija]
Eslovênia (f)	Словения	[slovénija]
Montenegro (m)	Черна гора	[tʃérna gorá]

149. Países da ex-URSS

| Azerbaijão (m) | Азербайджан | [azerbajdʒán] |
| Armênia (f) | Армения | [arménija] |

Belarus	Беларус	[belarús]
Geórgia (f)	Грузия	[grúzija]
Cazaquistão (m)	Казахстан	[kazahstán]
Quirguistão (m)	Киргизстан	[kirgistán]
Moldávia (f)	Молдова	[moldóva]

| Rússia (f) | Русия | [rusíja] |
| Ucrânia (f) | Украйна | [ukrájna] |

Tajiquistão (m)	Таджикистан	[tadʒikistán]
Turquemenistão (m)	Туркменистан	[turkmenistán]
Uzbequistão (f)	Узбекистан	[uzbekistán]

150. Asia

Ásia (f)	Азия	[ázija]
Vietnã (m)	Виетнам	[vietnám]
Índia (f)	Индия	[índija]
Israel (m)	Израел	[izráel]

China (f)	Китай	[kitáj]
Líbano (m)	Ливан	[liván]
Mongólia (f)	Монголия	[mongólija]

| Malásia (f) | Малайзия | [malájzija] |
| Paquistão (m) | Пакистан | [pakistán] |

Arábia (f) Saudita	Саудитска Арабия	[saudítska arábija]
Tailândia (f)	Тайланд	[tajlánt]
Taiwan (m)	Тайван	[tajván]
Turquia (f)	Турция	[túrtsija]
Japão (m)	Япония	[japónija]
Afeganistão (m)	Афганистан	[afganistán]
Bangladesh (m)	Бангладеш	[bangladéʃ]

| Indonésia (f) | Индонезия | [indonézija] |
| Jordânia (f) | Йордания | [jordánija] |

Iraque (m)	Ирак	[irák]
Irã (m)	Иран	[irán]
Camboja (f)	Камбоджа	[kambódʒa]
Kuwait (m)	Кувейт	[kuvéjt]

Laos (m)	Лаос	[laós]
Birmânia (f)	Мянма	[mʲánma]
Nepal (m)	Непал	[nepál]
Emirados Árabes Unidos	Обединени арабски емирства	[obedinéni arápski emírstva]

| Síria (f) | Сирия | [sírija] |
| Palestina (f) | Палестинска автономия | [palestínska aftonómija] |

| Coreia (f) do Sul | Южна Корея | [júʒna koréja] |
| Coreia (f) do Norte | Северна Корея | [séverna koréja] |

151. América do Norte

Estados Unidos da América	Съединени американски щати	[səedinéni amerikánski ʃtáti]
Canadá (m)	Канада	[kanáda]
México (m)	Мексико	[méksiko]

152. América Central do Sul

Argentina (f)	Аржентина	[arʒentína]
Brasil (m)	Бразилия	[brazílija]
Colômbia (f)	Колумбия	[kolúmbija]

| Cuba (f) | Куба | [kúba] |
| Chile (m) | Чили | [tʃíli] |

| Bolívia (f) | Боливия | [bolívija] |
| Venezuela (f) | Венецуела | [venetsuéla] |

| Paraguai (m) | Парагвай | [paragváj] |
| Peru (m) | Перу | [perú] |

Suriname (m)	Суринам	[surinám]
Uruguai (m)	Уругвай	[urugváj]
Equador (m)	Еквадор	[ekvadór]

| Bahamas (f pl) | Бахамски острови | [bahámski óstrovi] |
| Haiti (m) | Хаити | [haíti] |

República Dominicana	Доминиканска република	[dominikánska repúblika]
Panamá (m)	Панама	[panáma]
Jamaica (f)	Ямайка	[jamájka]

153. Africa

Egito (m)	Египет	[egípet]
Marrocos	Мароко	[maróko]
Tunísia (f)	Тунис	[túnis]
Gana (f)	Гана	[gána]
Zanzibar (m)	Занзибар	[zanzibár]
Quênia (f)	Кения	[kénija]
Líbia (f)	Либия	[líbija]
Madagascar (m)	Мадагаскар	[madagaskár]
Namíbia (f)	Намибия	[namíbija]
Senegal (m)	Сенегал	[senegál]
Tanzânia (f)	Танзания	[tanzánija]
África (f) do Sul	Южноафриканска република	[juʒno·afrikánska repúblika]

154. Austrália. Oceania

Austrália (f)	Австралия	[afstrálija]
Nova Zelândia (f)	Нова Зеландия	[nóva zelándija]
Tasmânia (f)	Тасмания	[tasmánija]
Polinésia (f) Francesa	Френска Полинезия	[frénska polinézija]

155. Cidades

Amesterdã, Amsterdã	Амстердам	[amsterdám]
Ancara	Анкара	[ánkara]
Atenas	Атина	[átina]
Bagdade	Багдад	[bagdád]
Bancoque	Банкок	[bankók]
Barcelona	Барселона	[barselóna]
Beirute	Бейрут	[bejrút]
Berlim	Берлин	[berlín]
Bonn	Бон	[bon]
Bordéus	Бордо	[bordó]
Bratislava	Братислава	[bratisláva]
Bruxelas	Брюксел	[brʲúksel]
Bucareste	Букурещ	[búkureʃt]
Budapeste	Будапеща	[budapéʃta]
Cairo	Кайро	[kájro]
Calcutá	Калкута	[kalkúta]
Chicago	Чикаго	[tʃikágo]
Cidade do México	Мексико	[méksiko]
Copenhague	Копенхаген	[kopenhágen]
Dar es Salaam	Дар ес Салам	[dar es salám]

Deli	Делхи	[délhi]
Dubai	Дубай	[dubáj]
Dublim	Дъблин	[déblin]
Düsseldorf	Дюселдорф	[dʲúseldorf]
Estocolmo	Стокхолм	[stokhólm]

Florença	Флоренция	[floréntsija]
Frankfurt	Франкфурт	[fránkfurt]
Genebra	Женева	[ʒenéva]
Haia	Хага	[ɦága]
Hamburgo	Хамбург	[ɦámburk]

Hanói	Ханой	[ɦanój]
Havana	Хавана	[ɦavána]
Helsinque	Хелзинки	[ɦélzinki]
Hiroshima	Хирошима	[hiroʃíma]
Hong Kong	Хонконг	[ɦonkóng]
Istambul	Истанбул	[istanbúl]

Jerusalém	Ерусалим	[érusalim]
Kiev, Quieve	Киев	[kíev]
Kuala Lumpur	Куала Лумпур	[kuála lumpúr]
Lion	Лион	[lión]
Lisboa	Лисабон	[lisabón]

Londres	Лондон	[lóndon]
Los Angeles	Лос Анджелис	[los ándʒelis]
Madrid	Мадрид	[madrít]
Marselha	Марсилия	[marsílija]
Miami	Маями	[majámi]

Montreal	Монреал	[monreál]
Moscou	Москва	[moskvá]
Mumbai	Мумбай	[mumbáj]
Munique	Мюнхен	[mʲúnhen]
Nairóbi	Найроби	[najróbi]
Nápoles	Неапол	[neápol]

Nice	Ница	[nítsa]
Nova York	Ню Йорк	[nʲu jórk]
Oslo	Осло	[óslo]
Ottawa	Отава	[otáva]
Paris	Париж	[paríʒ]

Pequim	Пекин	[pekín]
Praga	Прага	[prága]
Rio de Janeiro	Рио де Жанейро	[río de ʒanéjro]
Roma	Рим	[rim]
São Petersburgo	Санкт Петербург	[sankt péterburk]
Seul	Сеул	[seúl]

Singapura	Сингапур	[singapúr]
Sydney	Сидни	[sídni]
Taipé	Тайпе	[tajpé]
Tóquio	Токио	[tókio]
Toronto	Торонто	[torónto]

Varsóvia	**Варшава**	[varʃáva]
Veneza	**Венеция**	[venétsija]
Viena	**Виена**	[viéna]
Washington	**Вашингтон**	[váʃinkton]
Xangai	**Шанхай**	[ʃanháj]